μετωνυμίες

AF164456

I

Zum Buch: Nach Foucault gibt es Sexualität erst seit etwa 300 Jahren. Doch so, wie sie sich heute in der freizügigen Welt präsentiert, wird mit Sexualität primär kommuniziert – Freuds Primärprozess als reine Kommunikation. Das verdankt sich den Massenmedien. Seit Film und Jazz begegnet den Leuten die Sexualität als Sexyness, eine Lage, der alle ausgesetzt sind. Doch sie können sich der Sexyness kommunikativ bedienen, dabei Symbole und Zeichen verschieben. Damit konstituieren sie das eigene Selbst, feiern Erfolge wie grandiose Untergänge. Sie gebrauchen Sexyness genießerisch um ihrer selbst willen, so dass sie sich diskriminierenden Ansprüchen widersetzen, die Sexualität mit Fortpflanzung verwechseln und sie gar in den Dienst eines erfundenen Volkes oder des Staates zu stellen versuchen.

Hans-Martin Schönherr-Mann ist Prof. für Politische Philosophie am Geschwister-Scholl-Inst. der Ludwig-Maximilians-Univ. München, Lehr- und Prüfungsbeauftragter an der Hochschule für Politik München, seit 2004 regelmäßiger Gastprof. an der Fak. für Bildungswiss. der Univ. Innsbruck; Lehrtätigkeiten an der Venice International University, Univ. Regensburg, Katholischen Univ. Eichstätt, Università di Torino, Univ. Passau, Fachhochschule München, Univ. der Bundeswehr München; Bücher: *Untergangsprophet und Lebenskünstlerin* – Über die Ökologisierung der Welt, Matthes & Seitz, Berlin 2015; *Gewalt, Macht, individueller Widerstand* – Staatsverständnisse im Existentialismus, Nomos, Baden-Baden; *Fröhliches Philosophieren*, Edition fatal, München; *Philosophie der Liebe* – Ein Essay wider den Gemeinspruch ‚Die Lust ist kurz, die Reu' ist lang', MSB 2012; *Der Übermensch als Lebenskünstlerin* – Nietzsche, Foucault und die Ethik, MSB 2009.

Hans-Martin Schönherr-Mann

Sexyness als Kommunikation

Die Geburt der Sexualität aus dem Geist der Massenmedien

μετωνυμίες
I

Bibliografische Information der Deutschen Nationalbibliothek: Die Deutsche Nationalbibliothek verzeichnet diese Publikation in der Deutschen Nationalbibliografie; detaillierte bibliografische Daten sind im Internet über dnb.dnb.de abrufbar.

© 2016 Hans-Martin Schönherr-Mann
Herstellung und Verlag:
BoD – Books on Demand, Norderstedt

ISBN 9783743142831

Für Irmi

Inhalt

Einleitung
Sex im Internet-Zeitalter
11

Partnersuche im Internet 11 – Sex Suche im Internet 14 – Schattenseiten der Internet-Liebeswelt besonders für Frauen 18 – Serieller Sex anstatt Ehe und Familie 22

1. Kapitel
Ehe und Sex im Absolutismus
29

Der Minister als Gatte der Mätresse des Fürsten 29 – De Sades freizügige Utopie 33 – De Sades Kritik an einer grausamen sexuellen Praxis 35 – De Sades Kritik am familiären Tugendterror Rousseaus 38 – Die sich der Herrschaft der Liebe entziehende Lust 41 – Die Animation durch serielle Grausamkeiten 46 – Durch das Spiel der Lüste andere erkennen 49

2. Kapitel
Ehe und Sex im 19. Jahrhundert
53

Moralische und ökonomische Integrität anstatt Sexyness 53 – „Eine nüchterne Kindererzeugung' innerhalb der Ehe." 57 – Die Pflicht zur Enthaltsamkeit als Menschenrecht 61 – Der „lebenswierige wechselseitige Besitz ihrer Geschlechtseigenschaften." 64 – Die „kompromisslose Domestizierung weiblichen Mutes"

3. Kapitel
Sexualität und Sex heute
69

Die Differenz zwischen Sex und Fortpflanzung 70 – Triebgeschehen als Urgrund der Realität 73 – Die Lust des Augenblicks und nicht der Ewigkeit 74 – Die Macht der Sexualität als erregende Symbolik 77 – Sexualität als öffentliche Kommunikation, Sex als private 79

4. Kapitel
Der Widerstand gegen die kulturelle Unterdrückung der Sexualität
81

Sexyness als Sexualität im Sinn von Gender 82 – Sexualität zwischen Repression und Produktion 84 – Die Erfindung der Heterosexualität als natürliche Sexualität 87 – Die Sexualität als Wunsch und als Kompetenz 89 – Die romantische Sexualisierung der Welt 92 – Das nichteheliche Spiel der Lüste und das Jahr 1910 94

5. Kapitel
Sexyness und Schönheit
97

Die natürliche Schönheit 97 – Der konstruktive Charakter von Schönheit, Erotik und Sexyness 100 – Schönheit und der sexuelle Akt 103 – Der Wertewandel: Glorifizierung der Unmoral 106 – Sexyness als Kommunikation in der Öffentlichkeit 109 – Die Verschleierte und die sexy Gestylte 112 – Ist das Dirndl sexy? 115

6. Kapitel
Sexualität als Produkt der Massenmedien
117

Sexualisierung jenseits von Akt und Fruchtbarkeit 117 – Niedergang der Sexualmoral durch Film und Schallplatte 119 – Fotographie und Druckerzeugnisse als ‚Schmutz und Schund' 122 – Der Krieg und der Fortschritt der Sexualisierung 125 – Der Kinsey-Report und die US-amerikanische Unkultur 128 – Der Wunsch nach Sexyness und Pornographie 130

7. Kapitel
Sexyness und Ökonomie
133

Sexuelle Liberalisierung als der neue Faschismus des Konsums 133 – Statt konfrontativer Verführung eine manipulative, kraftlose 137 – Die Sexualisierung und Emotionalisierung des Kapitalismus 140 – Religiöser oder säkularer Widerstand gegen die Sexualisierung 143 – Die junge Jüdin und der SS-Mann 145

8. Kapitel
Sexualität und Emanzipation
149

„Je gebildeter die Frauen, desto unfruchtbarer ist eine Nation" 149 – Die weibliche Macht der Sexualität im Zeitalter der Emanzipation 153 – Wer sündigt nicht gerne: gerade mit westlicher Bildung! 155 – Sexualität als Spiel, als Parodie, als Option, als Nichts 159 – Wie verschwult ist die Welt? 163

9. Kapitel
Sexyness und Liebe
167

Wer liebt, der übertreibt 167 – Die Liebe von Siebzehnjährigen oder jene von Sartre und de Beauvoir 170 – Liebe als Ehe unter kommunikativer Offenheit 172 – Liebe als Leidenschaft: eine Entschuldigung 174 – Der sexuelle Akt als Herrschaft, die Liebe als Überbrückungsfunktion 176

Literatur 181

Einleitung*
Sex im Internet-Zeitalter

Partnersuche im Internet

Früher blickte man im Café jeder Schönen nach und irgendwann passierte es dann: Blicke kreuzten sich und sie war gefunden, obwohl man nichts über sie wusste.

Aber wer setzt sich heute noch ins Café? Da muss man viel zu lange warten. Vielleicht kommt tage- oder wochenlang niemand rein, mit der man Blicke kreuzen kann.

Heute geht das schneller. Denn heute, so die Soziologin Eva Illouz 2006, heute systematisiert das Internet die Partnersuche, was obendrein neue Möglichkeiten eröffnet.

---

* Danken möchte ich an dieser Stelle zunächst meiner Freundin Irmgard Wennrich, die an der Gestaltung des Buches beteiligt war. Angeregt haben es Josef Christian Aigner und Theo Hug mit ihrer Tagung „Medialisierung und Sexualisierung" der *Innsbruck Media Studies* und des *Instituts für psychosoziale Intervention und Kommunikationsforschung* der Universität Innsbruck im Universitätszentrum Obergurgl im Dezember 2013 und durch den von beiden herausgegebenen Tagungsband unter demselben Titel im Verlag Springer VS Wiesbaden 2015. Zudem darf ich allen danken, die direkt oder indirekt zur Entstehung des Buches beigetragen haben: Bernhard Lienemann, der mir eine Webseite (http://www.schönherr-mann.de/) einrichtete, Reinhard Knodt, der mich zu diesem Thema auf die Philosophie-Tage des Schnackenhofs im August 2015 einlud, David Steinitz, dessen Dissertation mich dabei inspirierte, Anil Jain, der bei der Publikation geholfen hat, Franz Bernarding, der mich überhaupt auf diese Publikationsart aufmerksam machte, Michael Löhr, der einige wichtige hilfreiche Ratschläge gab, außerdem Ulrike Popp-Baier, Linda Sauer, Bernd Mayerhofer, Markus Penz, Hans-Georg Pfarrer, Michael Ruoff.

Allerdings gilt es auch gewisse Hürden zu nehmen. Nicht nur dass man nicht mehr naiv zuerst die andere einfach anzublicken versucht, die gerade das Café betritt, obwohl man über sie gar nichts weiß und man sich selber auch nicht genau darüber klar ist, was man von ihr will. Man versucht einfach mal zu flirten.

Vielmehr muss man sich heute als erstes nämlich überhaupt klar werden, wer man selber ist, muss man diverse Fragebogen der entsprechenden Portale beantworten: wie man lebt, was man an sich selbst am attraktivsten findet, das Gesicht, die Figur oder den Bauchnabel. Die Partnersuche im Internet fördert insoweit doch die Selbstbewusstwerdung und überwindet die eigene Naivität und Bewusstlosigkeit. Erst danach muss man sich seine Wunsch- oder Idealpartnerin ausdenken. Das Internet beflügelt also auch die Fantasie, regt die Vorstellungskraft auf. Der Typ der Ideal-Frau muss sich konkretisieren, bleibt nicht mehr eine vage Vorstellung, kann man nicht mehr einfach die dunklen Südländerinnen den Blondinen vorziehen.

Aber war das vorher nicht genauso, wenn man nicht im Café warten wollte? Klingt dergleichen nicht nach traditioneller Heiratsvermittlung? Einen entsprechenden Obolus gilt es wie früher ebenfalls regelmäßig zu entrichten.

Doch dieser Eindruck täuscht, da sich dem Net-Surfer eine ungeheure Menge an Angeboten eröffnet. Da wird man nicht nur wählerisch, das muss man sein. Andere Angebote, die nicht perfekt dem Profil des Wunschpartners entsprechen, kann man gar nicht mehr wahrnehmen, braucht man schon ein Ordnersystem im PC, wo man die Daten der Idealkandidaten speichert.

Derart häufen sich denn auch die blind Dates, was verwundern sollte, wenn die Profile optimiert wurden. Wahrscheinlich weiß man weder genau, wer man selber ist, noch wen man will. Hat es doch keinen Sinn, sich über sich selbst Gedanken zu machen oder sich eine Ideal-Frau zu halluzinieren?

Zudem beginnt trotz ideal passenden Profilen die Masse der Treffen von Angesicht zu Angesicht aus noch einem weiteren Grund mit einem Fiasko, vor dem schon die Institute warnen. Nicht nur enttäuscht die potentielle Traumpartnerin häufig, wenn sie plötzlich so vor einem sitzt. Derartige Gespräche erstarren leicht in sich wiederholenden Routinen, im Abfragen von Daten oder im Erzählen derselben Witze, was konventionell auch nicht anders verläuft, nur seltener stattfindet, was vielleicht ein Vorteil war.

Wieso werden dann überhaupt gelegentlich auf diese Weise Ehen geschlossen? Eva Illouz diagnostiziert ein schier entemotionalisiertes und hoch rationalisiertes Paarungsverhalten im Zeitalter des WWW! Doch Erfolg haben auch bei der netzgestützten Partnersuche vor allem jene, die sich in der Begegnung emotional sympathisch zu repräsentieren verstehen, die über das verfügen, was Illouz eine emotionale Kompetenz nennt. So erhöht sich zwar durch das Netz die Anzahl der Angebote, die man ja auch klein halten könnte, wenn man sich dadurch drangsaliert fühlt. Die Erfolgsaussichten hängen dagegen wenig vom Netz als vielmehr vom eigenen Verhalten ab. So bemerkt Eva Illouz: „Die Interneteinbildung ist vorausblickend, bezieht sich also auf jemanden, dem man noch nicht begegnet ist; sie gründet nicht im Körper, sondern in sprachlichem Austausch und textueller Information; die Beurteilung des anderen stützt sich auf eine Ansammlung von Merkmalen, statt ganzheitlich zu sein; und in dieser speziellen Konstellation scheinen die Menschen über zu viele Informationen zu verfügen und weniger leicht in der Lage zu sein, zu idealisieren."[1]

---

[1] Eva Illouz, Warum Liebe weh tut – Eine soziologische Erklärung, Berlin 2011, 413

Sex Suche im Internet

Freilich werden im Internet längst nicht nur Ehen angebahnt. Das wäre wohl nicht mehr zeitgemäß. Denn die Sexualität erlebt mit dem Internet – so der Soziologe Jean-Claude Kaufmann 2011 – einen viel radikaleren Wandel, eröffnet zudem völlig neue Umgangsformen mit der Liebe, die vor allem von den Jüngeren intensiv genutzt werden. Man denke nur an den Werbespruch auf der Litfaßsäule: „Es muss nicht immer Liebe sein." Nicht nur vervielfältigt das Internet die Möglichkeiten der Kontaktaufnahme, und zwar explosionsartig, in der räumlichen Nähe wie in der Ferne. Das hatten wir gerade und war nicht unbedingt ein Vorteil.

Vielmehr bietet es die Möglichkeit für schnelle kurzlebige Bekanntschaften, die primär auf Sex abzielen, also auf den sexuellen Akt. Kaufmann schreibt: „Die Online-Begegnungen (. .) haben die Landschaft der Liebe beträchtlich erschüttert, nichts wird mehr so sein, wie es davor war. Unter dem Schutz der Anonymität der ‚Nebenwelt' ist ein neuer Raum für Sex entstanden, der als eine Freizeitbeschäftigung gilt: Man plant eine heiße Nacht, wie man ins Kino oder ins Restaurant gehen würde."[1] Dabei handelt es sich nicht um Prostitution, auch nicht darum dass vornehmlich Männer – Frauen aber auch – immer schon neben ihren Ehen Liebschaften nachjagten. Denn das wird zumeist geheim gehalten, selten öffentlich als Lebensform diskutiert.

Doch den Sex um seiner selbst willen mit wenig gefühlsmäßiger Bindung und ständig wechselnden Partnern zu suchen, das lässt sich in Internetforen nicht nur unter der Hand vorbereiten, sondern darüber kann man öffent-

---

[1] Jean-Claude Kaufmann, Sex@mour – Wie das Internet unser Liebesleben verändert, Konstanz 2011, 125

lich in Chats heiß diskutieren: ob der nächtliche Sex gut war; ob die ‚Tussi' über Nacht bleiben wollte oder der Typ ein Arschloch war. Im Internet entwickelt sich ein halböffentlicher Diskurs über Sex, an dem potentiell jeder teilnehmen kann, während zuvor ein solcher Diskurs höchstens in der Literatur und im Feuilleton von wenigen geführt und von vielen rezipiert wurde. Dazu bemerkt Kaufmann: „Die Utopie einer freieren und offeneren *Neuen Liebeswelt* stellt sich heute so dar, als könnte sie das Monopol der Ehe brechen. Die konstant ansteigende Zahl von Singles überall auf der Welt beweist im Übrigen, dass die langfristige Paarbeziehung immer weniger zum Maßstab genommen wird."[1]

Nun, verglichen mit ihrer Dominanz im 19. Jahrhundert hat die monogame Ehe und Familie seit Jahrzehnten und somit schon vor dem Internet dramatisch an orientierender Kraft für viele Menschen in der euroamerikanischen Welt eingebüsst. Die Scheidungszahlen steigen bereits Ende des 19. Jahrhunderts leicht an, jedenfalls in gewissen urbanen Zentren. Seit den 1970er Jahren heiraten viele Menschen nicht mehr. Sie leben auch nicht mehr unbedingt zusammen, leben in Singlehaushalten, sind aber keineswegs Single, wenn sie eine Beziehung haben.

Dass man sich via Internet die Partnerin für eine Nacht suchen kann, das betreiben nicht nur Männer, wiewohl diese doch immer noch mehr als Frauen. Aber wenn Frauen nicht mitspielten, dann könnten Männer das auch nicht tun, so dass eine solche Entwicklung an den Frauen keineswegs spurlos vorübergeht. Viele – längst nicht nur – jüngere haben sexuelle Aktivität als Freizeitbeschäftigung entdeckt – so Kaufmann –, über die sie sich im Internet genauso öffentlich austauschen. Gelegentliche Beschimpfungen als Schlampe werden

---

[1] Ebd.

zumeist solidarisch abgewehrt und der Angreifer als Schlappschwanz denunziert. „Die Frauen, die auf Männerjagd gehen, die Anhängerinnen des Sexes um des Sexes willen (. .), die ihre Lust befriedigen, befinden sich in der Minderheit. Aber sie sind eine sehr aktive und mitteilsame Minderheit, die im Netz den Ton angibt. Und eine Minderheit, die in rasantem Tempo größer wird."[1]

Die Umfrage, die der Vatikan 2013/14 in Auftrag gab, ermittelte, dass eine überwältigende Mehrheit der Gläubigen – und besonders die jungen – die katholischen Sexualregulierungen nicht mehr ernst nehmen, ja dass sie erstens vor allem ohne jegliches schlechtes Gewissen gegen sie verstoßen und zweitens das auch nicht mehr geheim halten. Die katholische Sexualmoral verbietet zwar das meiste, toleriert aber Verstöße großzügig, wenn sie bereut und vor allem geheim gehalten werden – jedenfalls ist das noch die Praxis in den nichtgegenreformierten Gebieten wie Spanien und Italien, in Deutschland gehen die Gläubigen damit noch etwas strenger um.

Doch von solchen Umfrageergebnissen werden sich die theologischen Hardliner unter den katholischen Bischöfen schwerlich erschüttern lassen, wussten sie das letztlich immer schon und sehen es als ihre Aufgabe an, verirrte Gläubige – und um solche muss es sich bei diesen Jugendlichen zweifellos handeln – wieder auf den rechten Weg zurückzubringen.

Bisher durfte darüber auch nicht geredet werden. Wenn jedoch heute im Internet die Individuen öffentlich über alles kommunizieren können, auch und gerade über die von der katholischen Sexualmoral als Sünde diffamierten Lüste und Sexpraktiken völlig unabhängig von Ehe und Monogamie, wenn dergleichen vor allem nicht mehr geheim gehalten werden kann, dann droht dadurch,

---

[1] Kaufmann, Sex@mour, 49

dass die katholische Kirche jeglichen Einfluss auf die Sexualethik vieler Gläubigen verliert.

Langfristig – momentan ist keine Umkehr dieses Trends absehbar – könnten sich die Religionen gezwungen sehen, sich überhaupt aus dieser Thematik zurückzuziehen – die sie aus säkularer Perspektive ja auch gar nichts angeht: Mündige Menschen bestimmen über ihr Sexualverhalten selbständig und lassen sich nicht bevormunden. Eine junge Katholikin erklärte in der Umfrage, dass der liebe Gott eine so schöne Sache wie den Sex schwerlich erfunden haben kann, um ihn zu verbieten.

Der freiere Umgang mit dem Sex verdankt sich einerseits einer weiter verbreiteten Bildung, was sich bereits im 19. Jahrhundert anbahnt. Andererseits entfaltet ein freierer Umgang im Sexualverhalten auch eine faszinierende Kraft auf Menschen aus bildungsferneren sozialen Kreisen, was letztlich zu diesem Wandel geführt hat. Seit die Staaten in der westlich geprägten Welt religiöse Vorschriften nicht mehr sanktionieren, können Kirchen oder religiöse Gruppen nur noch überzeugten Anhängern Sexualvorschriften machen, die diese wie auch immer freiwillig befolgen oder nicht. Niemand wird in der freizügigen Welt mehr als Hexe verbrannt, wenn sie oder er ohne jegliche Verheimlichung dem Spiel der Lüste um der Lüste willen frönen und sich über die Drei-Kind-Familie lustig machen, die eine führende Dame einer diskriminierenden Vereinigung propagiert.

Schattenseiten der Internet-Liebeswelt besonders für Frauen

Doch das Internet führt keineswegs – so Jean-Claude Kaufmann – zu einem Frieden zwischen den Geschlechtern. Vielmehr verschärft sich der Konflikt. Auch für Eva Illouz erweisen sich die Frauen als die Verliererinnen der neuen Internet-Sex-Welt: Frauen suchen stärker das Gefühl als den bloßen sexuellen Akt. Weil dieser jedoch unkontrolliert Gefühle hervorruft, hält Kaufmann die öffentlichen Diskussionen im Internet über einen Sex mit kontrolliertem Gefühl für eine aussichtslose Utopie. Eine Chatterin „träumte von einer Art der kurzen Liebe ohne Verpflichtungen. Davon sind wir weit entfernt. Von einem Pakt des Wohlbefindens unter Gleichen. Das höllische Räderwerk vertieft ganz im Gegenteil den Abgrund, der Männer und Frauen bisweilen trennt, noch mehr."[1]

Daher stellt diese neue Internet-Liebeswelt für Kaufmann auch keineswegs den Hort der Befreiung dar. Vielmehr zwingt sie zur Anpassung und bringt jene in Verlegenheit, die sich nicht auf diese Spiele einlassen wollen: „Heutzutage bleiben nicht mehr wie früher in den Tanzlokalen die Hässlichsten sitzen, sondern diejenigen, die ihre Prinzipien haben und ablehnen, dass eine Beziehung mit Sex beginnt."[2] Was aber schon seit längerem so ist.

Vorschnell könnte man außerdem einwenden, dass Prinzipien eine Frage der Wahl sind, während Hässlichkeit eine Gegebenheit ist – wenn sich nicht auch immer am Äußeren etwas so verändern ließe, um andere zu animieren, wenn es jemand gäbe, der nicht äußerlich kommunizieren könnte. Dann wäre dieser Effekt zumindest ansatzweise befreiend. Doch an Schönheit lässt sich ge-

---

[1] Kaufmann, Sex@mour, 154
[2] Ebd., 163

nauso drehen wie an moralischen Prinzipien. Umgekehrt darf man darauf hinweisen, dass gerade diejenigen, die sich in Liebesangelegenheiten ungeschickt benehmen, häufig moralische Normen hochhalten, um dadurch ihre Erfolglosigkeit zu kaschieren, die sie damit indes noch verfestigen.

Warum jedoch sollten diejenigen, die Prinzipien haben, dafür nicht auch einstehen und gegebenenfalls etwas leiden? Oder könnten die Moralistinnen etwa den Anspruch erheben, dass die Welt so organisiert werden muss, damit sie die Gewinnerinnen sind? Schon Kant forderte, dass der Tugendhafte, der sich des Glückes würdig erwiesen hat, auch des Glückes teilhaftig werden sollte. Doch weil das eben normalerweise gerade nicht der Fall ist, so wünschen wir diese Glückseligkeit der Tugendhaften wenigstens im nächsten jenseitigen Leben, postuliert Kant daher die Unsterblichkeit der Seele.

Nicht nur der Katholizismus hat die Welt lange so geprägt, dass diejenigen, die sich seinen Sexualvorschriften nicht fügen, die Verliererinnen werden, weil diese die moralisch Verkommenen sein sollen, die zu Recht verlieren. Sie werden immer noch als Schlampen diffamiert, im 16. Jahrhundert wurden sie als Hexen verbrannt, während diejenigen, die Keuschheit und Treue hochhielten, manchmal sogar heute noch als Heilige verehrt werden. Doch dagegen haben sich im letzten Jahrhundert immer mehr Menschen gewehrt. Das Argument trägt also nicht allzu weit bzw. nur zurück in die traditionelle Familienmoral, der Kaufmann zuneigt. Blaise Pascals berühmte Wette, dass man einen Vorteil hat, nämlich das ewige Leben gewinnt, wenn man an Gott glaubt, trägt nur in einer Welt, in der man durch die Sitten gezwungen ist, so zu leben, wie es die Religionen vorschreiben. Wenn das nicht der Fall ist, dann befreit der Unglaube von den religiösen Vorschriften besonders den Sex betreffend.

So gründet Kaufmann auf solche Schattenseiten der Internet-Liebeswelt seinen Optimismus, dass die Ehe überhaupt nicht gefährdet ist. Erstens ändern gerade die Frauen im Laufe ihres Lebens ihren Umgang mit der Sexualität. Weil sie stärker gefühlsabhängig sind, suchen sie letztlich doch die feste Bindung. „Die Raubkatzen des Internets zum Beispiel sind nur selten ihr ganzes Leben lang Raubkatzen. In einer anderen Phase können sie nach einem netten Ehemann suchen. Das unterschiedliche Zusammenspiel von Sex und Liebe wird meistens in sehr scharf voneinander abgegrenzten Sequenzen erlebt."[1]

Dabei fördert die raue Wirklichkeit, dass nicht nur Frauen stabile Beziehungen anstreben. Vor allem aber tickt bei Frauen ja die biologische Uhr: „Viele Frauen suchen, wenn sie die Dreißig überschritten haben, weniger einen Märchenprinzen als vielmehr einen künftigen Vater für die Kinder, die sie haben möchten. Keine Rede mehr davon, dies alles in einem Netzwerk aufzulösen, im Gegenteil, man muss ein leistungsstarkes Team bilden, das wie Pech und Schwefel zusammenhält: das Elternpaar."[2]

Genau hier verläuft die Frontlinie zwischen traditionellen und posttraditionellen Soziologen. Erstere verweisen darauf, dass der ausschweifende Sex mit fortschreitendem Alter nachlässt, während die Zeitgenossen parallel dazu zunehmend traditionelle Werte schätzen. Von posttraditioneller Seite wäre hier wiederum einzuwenden, dass erstens statistisch die Zahl der Scheidungen in Deutschland – wenn nicht sogar in der EU und Nordamerika – steigt und die der Eheschließungen abnimmt, während die Zahl der Alleinlebenden zunimmt. Wenn die Zeitgenossen überhaupt heiraten, dann zumeist später, so dass die Jahre, die in einer zeugungsfähigen Ehe etwa

---

[1] Kaufmann, Sex@mour, 155
[2] Ebd., 125

zwischen 20 und 50 verbracht werden, sicherlich dramatisch weniger geworden sind, was die gesunkenen Geburtenraten ob in Polen, Spanien oder Italien bekräftigen.

Dass man Phasen der Libertinage und Phasen der Bindungssuche hat, das erscheint heute als normal. Die beiden Phasen können sich gegenseitig auch nicht widerlegen. Wer die Libertinage will, den kann man nicht mit Bindung abspeisen – auch nicht mit dem Argument, dass sie das später mal wünschen wird. Umgekehrt gilt dasselbe: wer eine feste Beziehung sucht, wird mit einer Nebenbeziehung nicht zufrieden sein, in der es primär um Sex geht. Auch Eva Illouz bestätigt, „dass Frauen sich die serielle Sexualität zu eigen gemacht haben, indem sie auf die durch dieses Mittel erlangte männliche Macht reagierten und diese nachahmten. (. .) Für Frauen hat die serielle Sexualität immer neben ihrer Ausschließlichkeitsorientierung bestanden und ist dementsprechend voller Widersprüche. Frauen neigen zu einer gemischten Sexualstrategie, die Serialität und Exklusivität kombiniert. Genauer gesagt: Für Frauen ist Serialität ein Weg, um Exklusivität zu erreichen, kein Ziel an sich."[1] Frauen werden also für Illouz von den neuen Verhaltensweisen im Internetzeitalter benachteiligt.

Einwenden lässt sich, dass die Wünsche sich im Laufe des Lebens auch ändern können. Die spätere Einstellung widerlegt aber keine früheren, könnte man die spätere früher durchaus als unvorteilhaft oder gar irrational einschätzen. Manchmal entdecken sich Frauen auch erst mit 40 als sexuelle Wesen – was auch Männer betreffen kann. Warum sollten die Zeitgenossinnen ihr Leben nicht gelegentlich ändern? Nur wer von Jugend an gemäß der traditionellen Ehe Moral lebt, betreibt dasselbe eine lange Weile. Dagegen lässt sich gar nichts einwenden, hängt das schlicht von den eigenen Vorlieben ab. Es soll auch

---

[1] Illouz, Warum Liebe weh tut, 199

heute noch Leute geben, die nach katholischer Vorschrift ihr Liebesleben gestalten, was auch ihr gutes Recht ist. Im Gegensatz zum 19. wie zum 17. Jahrhundert kann man jedoch heute von einer solchen Lebensform jederzeit ablassen, muss man sich ihr nicht unterwerfen – eine Lebensform unter vielen eben, die alle moralisch gleichwertig sind, soweit sie andere nicht diskriminieren.

Serieller Sex anstatt Ehe und Familie

2011 konstatiert Illouz zwar: „Die Bejahung der Freiheit im Bereich der Sexualität war eine der signifikantesten soziologischen Transformationen des 20. Jahrhunderts."[1] Doch sie schätzt diese Situation, also die Liebe in Zeiten des Internets kritischer ein als noch 2006: die Verlierer der neuen Liebesunordnung oder neuen Liebesmoral sind vor allem die Frauen. Schon durch die Aufhebung von religiösen, ethnischen, rassischen oder auch klassenbezogenen Heiratsbeschränkungen und heute zusätzlich noch durch das Internet hat sich die Auswahl möglicher Sexual- und Ehepartnerinnen eben vornehmlich für Männer vergrößert. Doch das bedeutet keineswegs, dass Ehepartner schneller zu finden sind. Denn Untersuchungen haben gezeigt, „dass eine wachsende Zahl von Optionen", so Illouz, „die Fähigkeit, sich an ein einziges Objekt oder eine einzige Beziehung zu binden, eher blockiert als aktiviert."[2] Zudem realisieren Männer ihre Männlichkeit nicht mehr in der Ehe und durch Kinder, sondern durch eine Vielzahl von Sexualpartnerinnen. Längst ist ihnen der Beruf wichtiger als die Familie, lässt sich durch letztere kein schlechter Beruf mehr kompensieren. Entfremdet arbeiten zu gehen, um die Familie zu ernähren, war

---

[1] Illouz, Warum Liebe weh tut, 119
[2] Ebd., 174

im 19. Jahrhundert die Regel und verlieh dem Leben durchaus einen nachhaltigen Sinn, den – das darf ich hier hinzufügen – damals unemanzipierte Frauen und auch heute noch jene, die gerade dringend oder auch nur generell einen Vater für ihre Kinder suchen, weiterhin fleißig einfordern.

Illouz gesteht zwar zu, dass Frauen heute dieses männliche Verfahren gelegentlich kopieren. Aber so rechte Freude mag bei den meisten über größere Erfolge – viele Bettgeschichten – nicht aufkommen, dienen diese doch für sie zumeist dazu, einen festen Partner zu finden, mit dem sie Kinder bekommen können. Genau an dieser Stelle werden Frauen zu den Verliererinnen der deregulierten Sexualität. Besonders gebildete Frauen sind dabei benachteiligt, sehen sie sich mit einem erheblich kleineren Angebot als gebildete Männer konfrontiert, ist zudem ihr Zeitraum kürzer, um Kinder zu bekommen. Männer lassen sich aber auch leichter auf Frauen ein, die weniger gebildet sind als sie selbst, Frauen umgekehrt seltener, was die Chancen der letzteren natürlich senkt. Wer den braven Anderen will, der die eigenen Wünsche erfüllt, muss sich halt mit dem braven Anderen auch zufrieden geben, auch wenn er nicht ganz standesgemäß ist. Man könnte dabei den Verdacht haben, dass Frauen häufiger standesgemäß denken als Männer, hält Simone de Beauvoir ähnliches den Frauen auch vor.

Illouz beachtet dabei auch zu wenig, dass emanzipierte Frauen vor derselben Perspektivenvielfalt stehen wie emanzipierte Männer, dass auch der biologisch unterfütterte Kinderwunsch mit anderen Interessen in Konflikt gerät und sich nicht mehr so leicht wie im 19. Jahrhundert realisieren lässt. Er hat auch keine zwangsläufige Priorität gegenüber anderen Wünschen, muss das jede für sich entscheiden. Mögen Kinder zumeist einen hohen Wert haben, doch heute konkurrieren sie mit anderen hohen Werten. Natürlich drängen nicht erfüllte Wünsche besonders stark, trauert man immer gerne dem nach, was man nicht hat und hält das, was man erreicht hat, gerne für weniger wertvoll. Auf eine solche Selbstreflexion sollte man achten, um nicht in ein Lamento über die Schlechtigkeit der Welt zu verfallen.

Doch für Illouz verschärft auch das Internet die schlechte Lage von Frauen im Zeitalter veränderter Liebesmoral. Wenn nämlich das Angebot für Männer zu groß ist, dann wird die Wahl zur Qual. Wenn die Männlichkeit sich nicht mehr in der Familie realisiert, fehlen doppelt Motive zur festen Bindung. Nur in seltenen Fällen sind Männer heute zu einer festen Bindung bereit, werden sie geradezu von Bindungsangst getrieben. Einzuwenden ist hier nur, dass weniger attraktive Männer auch schlechtere Karten haben, während für attraktive Männer wohl der Satz meiner um 1885 geborenen ostpreußischen Großmutter gilt, die der Großvater nie nackt gesehen hat, die aber noch keine Risikogesellschaft erlebte: ‚Männer über dreißig wissen nicht mehr, was sie wollen.' Nein, eheliche Liebe – und nicht nur die – ist immer auch ein Machtspiel: junge Frauen haben durchschnittlich mehr Angebote als junge Männer, was sich jedoch im Laufe des Lebens häufig zuungunsten von Frauen verschiebt.

Aus der Perspektive von Illouz müssen sich Frauen dagegen auf der Suche nach einem festen Partner wahrscheinlich just an diesen attraktiven Männern abarbeiten, die ob einer großen Auswahl bindungsscheu werden. Dabei wirken Frauen gerade durch ihre Bindungswilligkeit auch noch als schwach und unattraktiv: Wer mehr als der andere in einer Beziehung will, befindet sich automatisch in der schwächeren bzw. hilflosen Position – was aber für unattraktive Männer auch gilt, die keine Frau haben will. Trotzdem behält Illouz wahrscheinlich damit Recht, dass Frauen Sex eher mit Liebe – also mit festen Beziehungen – verbinden als Männer: „Viele Frauen suchen emotionale Exklusivität, während entsprechend viele Männer seriellen Sex vorziehen. Die Gefühle der Frauen und ihr Bindungswunsch sind ihrer Paarbildungsstrategie oftmals von vornherein eingeschrieben, was es wahrscheinlicher macht, dass sie widersprüchliche Wünsche verspüren, konfuse emotionale Strategien verfolgen und von Männern mit ihrer größeren Fähigkeit, sich durch serielle Sexualität einer Bindung zu entziehen, beherrscht werden."[1]

So unterziehen sich Frauen Therapien, versuchen ihre kommunikative Kompetenz zu verbessern – was wahrscheinlich eher für die gebildeten gilt, während ungebildete häufiger den Schönheitschirurgen visitieren, sofern sie sich das leisten können, was aber verrückterweise eher Erfolg verspricht, weil es sich unmittelbar körperlich auf die Sexualität bezieht. Dabei verheißt dieses ganze mühsame und teilweise erniedrigende Unterfangen kaum sichere Chancen, verbleiben Frauen damit häufig trotzdem auf der schwächeren Seite.

Vor allem müssen sie sich schön machen – das bekräftigt auch Illouz. Und nicht nur das: Sie müssen sich heute sexy geben, was gebildeten Frauen manchmal besonders schwer fällt. Denn Sexyness zwingt Frauen nach Illouz, sich den Wünschen von Männern anzupassen, und zwar ständig. Permanent befinden sie sich unter Beobachtung und müssen sich sexy repräsentieren. Illouz bemerkt: „Sexuelle und romantische Freiheit ist keine abstrakte Praxis, sondern eine, die im Rahmen eines umkämpften, aber immer noch mächtigen Patriarchats institutionalisiert wurde und in diesen Rahmen eingebettet ist. Dieser Kontext ist es, der neue Formen des Leidens in der Form neuer Ungleichheiten erzeugt hat, die aus den unterschiedlichen Weisen resultieren, wie Männer und Frauen ihre sexuelle Freiheit auf wettbewerbsorientierten sexuel-

---

[1] Illouz, Warum Liebe weh tut, 201

len Feldern emotional erfahren und unter Kontrolle zu behalten versuchen."[1]

Ob nun Sexyness indes zu einem durchgängigen Zwang avanciert, darf bezweifelt werden. Darin eröffnen sich ebenfalls Optionen. Denn Sexyness ist nicht Schönheit, bietet also auch jenen Möglichkeiten, die entweder mit der natürlichen, mit der gesellschaftlich anerkannten oder der durch finanziellen Einsatz erzeugten Schönheit nicht reichhaltig ausgestattet sind. Allerdings tun sich nicht nur gebildete Frauen damit manchmal schwer, so dass Sexyness für viele kaum in Frage kommt. Trotzdem spielt Sexyness heute in der Sexualität eine wichtige Rolle, so dass man sich fragen muss: Was ist Sexualität heute im Zeichen von Sexyness? Wo kommt sie her und was fängt man damit an? Ist Sexualität nicht längst primär Sexyness, nämlich eine so erotisierte wie sexualisierte Kommunikation?

Illouz fordert vor diesem Hintergrund der Popularität von Sexyness, der sie eine Tendenz zur Pornografie attestiert, jedenfalls: „Die ‚Pornofizierung' der Kultur vollzieht sich vor dem Hintergrund der kommerzialisierten, von den Fesseln ihrer moralischen Regulierung befreiten Emanzipation sexueller Wünsche und Phantasien. Die Moral der modernen Sexualität besteht nunmehr darin, die gegenseitige Freiheit, Symmetrie und Autonomie zu bekräftigen, statt so etwas wie sexuelle Ehre oder Normen der Monogamie zu respektieren."[2] Illouz möchte nicht zurück in die Zustände der regulierten Liebe, der staatlich sanktionierten und kontrollierten monogamen Ehe. Sie zieht die deregulierte vor, kritisiert aber, dass dabei die Ethik aus Fragen der Liebe und der Sexualität verdrängt wurde. Was aber soll Sexyness mit Pornographie zu tun haben? Mögen am äußersten Rand die Gren-

---

[1] Illouz, Warum Liebe weh tut, 120
[2] Ebd., 117

zen fließend sein – das gilt aber auch für Madonnendarstellungen – Sexyness ist alltäglich überall präsent, Pornographie nicht – es sei denn man hat ein etwas weites Verständnis von letzterer, was angesichts der Werbung nicht allzu schwerfällt.

Was aber hat die Moral in der Sexualität verloren – außer harte Ränder zu bestimmen – zu Gewalt und Pädophilie, also dort, wo es sich um eine diskriminierende sexuelle Praxis handelt? Hat es Sinn eine Beziehung aufrechtzuerhalten um der Kinder willen oder aus Versorgungsgründen, obwohl sich die Partner im besten Fall nichts mehr zu sagen haben oder im schlechtesten sich in einen permanenten Krieg verwickeln? Dann sind Motive zur Aufrechterhaltung einer Ehe, bzw. für die Monogamie sehr schwach geworden: Monogamie um des Geldes willen und auch um der Kinder willen ist keine moralische Angelegenheit. Derart hat die sexuelle Ehre der Monogamie denn auch dramatisch gelitten. Wer ist heute noch monogam, weil es sich so gehört, um moralisch zu sein oder um in den Himmel zu kommen? Höchstens doch um der Partnerin einen Wunsch zu erfüllen! Warum sollte Monogamie überhaupt ein ethischer Wert sein? Warum sollte man sie also um ihrer selbst willen verfolgen? Nein, sie gehört sich nicht selbstredend, kann man sich ohne weiteres eine Gesellschaft vorstellen, in der sie keine moralische Norm ist – eine Gesellschaft wie sie in der westlichen Welt bereits besteht. Sind nicht viele bloß aufgrund von Verlustängsten monogam, weil sie dadurch hoffen, ihre Partner fester an sich zu binden, was die gestiegenen Scheidungszahlen indes als Illusion entlarven? Dann sind sie jedenfalls nicht moralisch, wenn sie monogam sind.

Oder sind andere monogam, um ihre Partnerin nicht zu verletzen. Ein solches Motiv bleibt eine freiwillige Leistung innerhalb einer Beziehung und kann sich nicht auf eine allgemeine Norm berufen, um sich moralisch zu konstituieren. Ein Ethos beherbergt Monogamie nicht mehr, ergibt somit auch keine allgemeine ethische Norm. Der Niedergang der Monogamie als ethischer Wert gehört zu den herausragenden Entwicklungen beim Wandel des Sexual- oder Beziehungsverhaltens im Laufe des 20. Jahrhunderts. Monogamie ist heute Zufall, sie fällt manchmal zu, wenn sich jemand aus welcher Laune auch immer heraus monogam verhält.

Wer eine stabile Beziehung sucht, dem hilft es daher kaum noch, sich auf die Monogamie zu berufen, da sie höchstens eine religiöse Norm darstellt. Aber dazu sollte man der entsprechenden Religion anhängen. Eine stabile Beziehung muss unabhängig davon ständig neu erarbeitet werden, besteht oder funktioniert nicht von selber, kann man sich in diese gerade nicht fallen lassen, wie es sich viele davon immer noch erträumen. Denn nur weil man sich etwas wünscht, geht es noch lange nicht in Erfüllung.

1. Kapitel
Ehe und Sex im Absolutismus

Im 17. und 18. Jahrhundert galt im Adel die Monogamie nur für die Ehefrauen und das sicherlich auch nicht konsequent und überall. Ein Adliger aus der Provinz, der im absolutistischen Frankreich eine politische Karriere machen wollte, musste nicht nur an den Hof von Versailles. Um dort etwas ohne gute Beziehungen zu werden – wie der aus altem Landadel stammende Vater des Marquis de Sade – durfte er obendrein gelegentlich durch die Betten diverser Prinzessinnen.

Der Minister als Gatte der Mätresse des Fürsten

Auch im protestantischen Preußen und den Anrainer-Fürstentümern herrschte keinesfalls eine strenge Ehe-Moral. So berichtet Eike Christian Hirsch in seiner *Leibniz-Biographie* einen Vorfall aus dem Welfenhaus in Hannover, war Leibniz sein Leben lang beim dortigen Herzog beschäftigt, der zum Kurfürsten aufstieg: „Die lebenslustige, bildschöne und überaus kokette Kurprinzessin Sophie Dorothea, die Tochter des Celler Herzogs und Gattin des Kurprinzen Georg Ludwig hatte eine Affäre mit dem aus Schweden stammenden, inzwischen in sächsischen Diensten stehenden General Graf von Königsmarck. Darüber sprach man seit Jahren."[1] Man warnte sie, doch sie benahm sich mit ihrem Geliebten bei öffentlichen Festivitäten durchaus auffällig.

---

[1] Eike Christian Hirsch, Der berühmte Herr Leibniz – Eine Biographie, München 2016, 288

Im Juli 1694 wurde daraufhin ihr Geliebter ermordet, ohne dass die Justiz diesen Mord verfolgt hätte. Und über ihr Schicksal schreibt Hirsch: „Die Kurprinzessin wurde im ländlichen Palais zu Ahlden eingesperrt und durfte ihre Kinder nie mehr sehen. Diese Strafe für eine romantische, ausschweifende Liebe wirkt umso grausamer, als der Kurprinz Georg Ludwig sich ungeniert Mätressen hielt. Den Zeitgenossen erschien die völlige Ungleichbehandlung des einen und des anderen Ehebruchs damals ganz gerechtfertigt."[1]

Leibniz war enger persönlicher Berater der Kurfürstenwitwe Sophie in Hannover und ihrer Tochter, der brandenburgischen Kurfürstin Charlotte Sophie, seit 1701 preußische Königin, die er häufig in ihrem Schloss im heutigen Charlottenburg bei Berlin aufsuchte. Von dort berichtet Leibniz an Sophie in Hannover: „'Da man in Lietzenburg normalerweise erst um ein oder zwei Uhr in der Nacht zu Bett geht, habe ich seit vier oder fünf Tagen nur jeweils vier Stunden geschlafen.' Aber die Gelegenheit, die Kurfürstin zu sehen, meinte er, lohne jede Unbequemlichkeit."[2]

Die Gatten der beiden Damen kümmerten sich indes wenig um ihre jeweilige Ehefrau. Entweder verfolgten sie politische Interessen oder sexuelle, die man jedenfalls schwerlich mit der Monogamie in Einklang bringen könnte. Oder schlicht, im deutschen Adel spielte die Monogamie keine Rolle. So berichtet Hirsch: „Auf Prunk und Ansehen versessen, strebte der brandenburgische Kurfürst nach der Königswürde, auch um mit August dem Starken gleichzuziehen, der ein Jahr zuvor polnischer König geworden war. Den größten Einfluss auf den Kurfürsten hatte Johann Kasimir Kolbe von Wartenberg, ein aus dem Bürgertum aufgestiegener Kammerherr von

---

[1] Hirsch, Der berühmte Herr Leibniz, 290
[2] Zit ebd., 210

glattem und gewinnendem Wesen. Gehreiratet hatte er – auf Geheiß seines Herrn – des Kurfürsten Mätresse, die Witwe Biedekop geb. Rickers, eine sexuell attraktive, aber ganz schlichte, ja grobe Frau. Ein wildes Ränkespiel am Berliner Hof führte dazu, dass Sophie Charlotte immer mehr an Einfluss verlor."[1]

Sie zog sich daraufhin weitgehend nach Lietzenburg zurück und ertrug dasselbe Schicksal, das auch ihrer Mutter passiert war. „Einfluss auf ihn <ihren Mann> hatte schon eher seine Mätresse, die Gattin Wartenbergs, die am Berliner Hofe Regen und Sonnenschein machte. (. . .) Auch die Mutter hatte es ja zu ertragen gehabt, dass der Gemahl eine offizielle Mätresse hatte, und wie jetzt bei der Tochter war die Geliebte ihres Ehemannes ebenfalls die Frau des Premierministers gewesen."[2]

Sowenig wie die Monogamie im Adel eine Rolle spielte, sowenig wurde aus Liebe geheiratet, vielmehr aus dynastischen Gründen. Herzog Anton Ulrich von Braunschweig-Wolfenbüttel lag sehr an einer Verbindung zum russischen Zaren Peter dem Großen. Dazu bediente er sich einer Minderjährigen, die er zwangsverheiratete. „Die Prinzessin Charlotte Christine Sophie war auch erst 13 und sehr protestantisch. Doch gleich nachdem die Kunde vom Siege bei Poltawa <1709> sich verbreitet hatte, war ihr Großvater, Herzog Anton Ulrich, zu der ehrenvollen Verbindung entschlossen, und Leibniz schrieb aus Braunschweig: ‚Die Prinzessin ist so streng ins Gebet genommen worden (. . .), dass sie die Ehe, die ihr bestimmt ist, angenommen hat.'"[3] Auch der ja mehr berüchtigte als berühmte Marquis des Sade hätte einige Jahrzehnte später gerne seine Freundin geheiratet. Aber sein Vater, ein verarmender provenzalischer Landadliger,

---

[1] Ebd., 399
[2] Ebd., 433
[3] Ebd., 536

zwang den Sohn die Tochter einer Gerichtspräsidentin zu heiraten, also eine Neu-Aristokratin aus dem aufsteigenden Roben Adel, der in der Französischen Revolution die Macht übernehmen wird – man denke nur an Robespierre und Saint-Just, die allerdings die rigide Aufklärungsmoral durchzusetzen versuchen.

Obwohl Leibniz der enge Vertraute zweier Fürstinnen war, die Mutter in Hannover, die Tochter in Charlottenburg, ein Verhältnis hat er mit ihnen wahrscheinlich nicht gehabt, gibt es dazu keine Hinweise. Vielmehr lässt sich vermuten, dass Leibniz, von dem auch ansonsten keine sexuellen Beziehungen zu Frauen bekannt sind, homosexuell war. Er hatte wahrscheinlich ein Verhältnis zu seinem Kammerdiener, der ihm als Sohn seines Schneiders bereits auffiel, als dieser erst 15 Jahre alt war. Leibniz machte ihn nicht nur zu seinem Kammerdiener, sondern förderte auch seine Bildung und verschaffte ihm Aufstiegsmöglichkeiten. Im hohen Alter ist eine andere Beziehung belegt, über die Hirsch schreibt: „In Wien, wo er das Liebespaar Prinz Eugen und Bonneval erlebte, hat er wohl (...) eine heftige Sympathie für John Ker of Kersland gefühlt, der vierzig Jahre alt, also 27 Jahre jünger als Leibniz war. Als beide Männer voneinander Abschied nahmen, so formulierte es der schottische Edelmann später diskret in seinen Memoiren, habe er bei Leibniz deutliche Zeichen der Zuneigung und der Wertschätzung gespürt und später habe er festgestellt, dass Leibniz heimlich seine Wiener Schulden beglichen hatte."[1] Dabei handelte es sich um eine Summe, die heute etwa 50.000 Euro entsprechen könnte.

Man muss also gar nicht wie Michel Foucault bis in die Antike zurückgehen, um auf sexuell freizügigere Verhältnisse zu stoßen als im 19. Jahrhundert. Der Adel in Europa folgte in den zwei Jahrhunderten davor keines-

---

[1] Hirsch, Der berühmte Herr Leibniz, 572

wegs einer vergleichbaren Sexual- und Familienmoral, höchstens und das auch nur partiell eben für adlige Ehefrauen.

De Sades freizügige Utopie

Diese Entwicklung spiegelt sich im Leben wie im Werk von Marquis de Sade, bei dem sich zugleich das Ende der Libertinage und die Heraufkunft einer rigiden Familienmoral ankündigt – von Sexualmoral sollte man eigentlich gar nicht reden –, wie sie die Aufklärung bereits im 18. Jahrhundert propagierte, die sich flächendeckend im 19. durchsetzen sollte.

De Sade schreibt 1795 in seinem *philosophischen Roman Aline et Valcour* eine positive politische Utopie, die sich in gewissem Maße bis heute sogar realisiert. In dieser Utopie geht es nämlich um Toleranz, um ein einfaches ökologisches Leben und um den Frieden. Wie die klassischen Utopien von Morus und Campanella verlegt de Sade seine Utopie auf eine Insel in der Südsee namens Tamoé. Dort herrscht eine aufgeklärte Diktatur, die durchaus den Staatsformen ähnelt, die sich zu seiner Zeit entwickelten – man denke an den aufgeklärten Absolutismus.

Die Gesetze sollen weniger dafür sorgen, dass Verbrechen gerecht bestraft werden, als dass sie verhindert werden. Ein simples Prinzip dazu ist schlicht, die Zahl der Verbrechen zu reduzieren, womit de Sade natürlich auf Reglementierungen des Verhaltens aller Art abzielt. Wer gegen die Ordnung verstößt, wenn er jemand ermordet, wird nicht zum Tode verurteilt, sondern muss die Insel verlassen. Simone De Beauvoir bemerkt in ihrem Essay *Soll man de Sade verbrennen?* „Zweifellos rechnete er auch damit, dass eine Gesellschaft, die die Eigenheit eines jeden Menschen gelten ließe, ihn als Ausnahme anerkennen und damit auch ausnahmsweise seine Laster akzeptieren würde."[1]

So erscheinen de Sade die Gesetze widernatürlich, da sie der Vielfalt der Menschen nicht entsprechen. Jede Konvention oder Sitte ist nicht mehr als ein Betrug an den davon Betroffenen. Dem stellt de Sade eine Natur entgegen, die Notwendigkeit und Wahrheit verkörpert. Sie hat etwas Großartiges und Unabänderliches. Die bisherigen Gesetze indes entsprechen solchen Ansprüchen keineswegs. Anstatt dass sie den Menschen ermöglichen, nach ihren Vorstellungen zu leben, schreiben sie ihnen bestimmte Lebensformen vor. Dabei sind die Menschen gerade nicht dieselben, sondern unterscheiden sich voneinander.

Allerdings kennt de Sade durchaus Grenzen, die heute teilweise überraschen. „Der Inzest zerstört die Gleichheit, die ich errichten will, da er zu viele Familien vergrößert und isoliert; und die Homosexualität lässt eine abgesonderte Klasse von Menschen entstehen, die sich selbst genügen und notwendigerweise das Gleichgewicht stören, das ich herstellen möchte, weil ich es für wesentlich halte. Da ich jedoch diese Absonderheiten ausmerzen wollte, hütete ich mich wohl, sie zu bestrafen; (...) Ich bediente mich der öffentlichen Meinung, die (...) die Königin der Welt ist. Vor dem ersten Laster säte ich Abscheu und das zweite Laster machte ich lächerlich: Zwanzig Jahre haben genügt, sie auszurotten."[2] Kinder werden vom Staat erzogen, nicht weil dieser sie indoktrinieren möchte, sondern um den Eltern die Last abzunehmen. Zweimal darf man sich scheiden lassen, dann nicht mehr. Aber alle sind frei, sich ihre Partner selber zu suchen bzw. Anträge zu akzep-

---

[1] Simone de Beauvoir, Soll man de Sade verbrennen? – Drei Essays zur Moral des Existentialismus (1955), Reinbek 1997, 59
[2] Marquis de Sade, Aline und Valcour oder der philosophische Roman (ca. 1788), Hamburg 1963, 362

tieren, wurde de Sade selbst schließlich zwangsverheiratet. Allein schon ohne die im Adel üblichen Zwangsehen würden die Scheidungen weniger werden. Jedenfalls insistiert er auf dem Prinzip: „Niemand hat das Recht, die Handlungsweise der anderen bestimmen zu wollen."[1] Sittlichkeitsverbrecher – dazu gehört die ‚Ehebrecherin' – werden stigmatisiert. In der Hauptstadt dürfen sie den Herrscher, nicht mehr besuchen. In anderen Städten der Insel müssen sie ein Zeichen tragen. Das mag heute rigide klingen, stellte aber für das 18. Jahrhundert eine freizügigere Lebensführung in Aussicht, ist also als Kritik an der öffentlichen Moral zu verstehen.

De Sades Kritik an einer grausamen sexuellen Praxis

Doch de Sades Ruhm gründet weniger auf seinen politisch philosophischen Entwürfen als darauf, sexuell motivierte grausame Handlungen begangen zu haben und diese extensiv literarisch zu beschreiben. In seinem, in dieser Hinsicht berüchtigtsten Werk *Die 120 Tage von Sodom* erklärt einer der vier adligen Lustmörder seinen Opfern: „Es wird fraglos wenige Exzesse geben, zu denen wir uns nicht hinreißen lassen werden. Keine von euch möge daher widerstreben, gebt euch hin, ohne mit der Wimper zu zucken, und lasst alles mit Geduld, Unterwürfigkeit und Mut über euch ergehen. Wenn unglücklicherweise eine von euch an der Heftigkeit unserer Leidenschaften zugrunde geht, so trage sie ihren Tod mit Fassung. Wir sind nicht in dieser Welt, um immer zu existie-

---

[1] Ebd., 366

ren – und was kann einer Frau Glücklicheres passieren, als jung zu sterben."[1]

De Sade schreibt den unvollendeten Text während seiner 11 Jahre währenden Haft in den Kerkern des Absolutismus unter Ludwig XVI. Doch so einfach lassen sich die geschilderten Grausamkeiten nicht als sexuelle Ersatzhandlung ihres Autors qualifizieren. Mögen das die Fantasien eines Gequälten sein. Vor allem nimmt er damit Rache an seinen Peinigern. Denn das ‚sadistische' Quartett macht nicht, was de Sade je getan hätte. Überliefert sind einige Prügelorgien und eine gefährliche Verabreichung einer Droge, die glücklicherweise keine tödlichen Folgen hatte. De Sade war kein Weisenknabe. Aber er war kein Mörder und verstümmelte auch niemanden. Trotzdem bringen ihm seine sexuellen Praktiken seit 1763 Verfolgung, Anklagen, kurzeitige Inhaftierungen und ein Todesurteil ein, bis er nach seiner letzten Flucht 1778 für elf Jahre eingekerkert wird.

Das, was heute unter sadomasochistische Praktiken fällt, oder Analverkehr – damals Sodomie – war weit verbreitet und wurde in den Bordellen fleißig angeboten, die insbesondere Adlige besuchten. Der Absolutismus hatte den alteingesessenen Landadel – dazu gehörten die de Sades – seiner politischen Funktionen weitgehend enthoben, so dass es gerade für junge Adlige nichts zu tun gab, außer das Geld ihrer Väter in Bordelle zu tragen. Eine der Lieblingsbeschäftigungen nicht nur von jungen Adligen waren nun mal sexuelle Amouren in der damals blühenden Prostitution oder mit diversen Mätressen. Monogamie, gar eheliche Treue, wie sie im 18. Jahrhundert von der Aufklärung propagiert wurden, zählten nicht zu den adligen Tugenden. Man heiratete gemeinhin aus

---

[1] Zit. bei Volker Reinhardt, De Sade oder Die Vermessung des Bösen – Eine Biographie, München 2014, 66

dynastischen Gründen. Kein Wunder also, dass Promiskuität und Libertinage im Adel populär waren.

So karikiert de Sade mit den Mördern und Sadisten in den *120 Tagen* diejenigen, die ihn wie seine Schwiegermutter, eine Gerichtspräsidentin, verfolgten und ihn ein Leben lang im Gefängnis festsetzen wollten. Zudem waren die beschriebenen Lustquälereien keine wüsten Fantasien de Sades. Diese grässlichen Folterungen, Verstümmelungen und Morde haben wahrscheinlich alle real im Paris des 18. Jahrhunderts stattgefunden, gab es Versuche von Historikern, das nachzuweisen. *Die 120 Tage von Sodom* kritisieren also eine Gesellschaft, die viel Schlimmeres betreibt, als der Marquis selbst, die ihn dafür aber ein Leben lang ins Gefängnis stecken will. Seine Schwiegermutter lässt zwar das Todesurteil aufheben, betreibt aber seine dauerhafte Inhaftierung ohne Prozess, d.h. durch einen – *lettre de cachet* – königlichen Brief, mit dem man Menschen hinter Gittern verschwinden lassen konnte. Hinrichtung oder ein Prozess hätten Aufsehen erregt, was die Schwiegermutter unbedingt vermeiden wollte.

Mag man die Schwiegermutter ja noch aus familiären Gründen verstehen, die die Taten des Marquis als Schande betrachtet, so stellt sich trotzdem die Frage, was ihn von seinen adligen Zeitgenossen unterscheidet, die zu einer ähnlichen Libertinage neigen? Seine Feindschaft gegenüber dem Christentum, beschuldigten ihn seine Opfer diverser Blasphemien während seiner Orgien. Der Adel konnte sich beinahe alles erlauben. Ein Verwandter de Sades erschoss mal aus seiner Kutsche in Paris einen Passanten, was ohne Folgen blieb. Aber gegen die Religion durfte man nichts sagen ähnlich wie heute noch in Teilen der islamischen Welt – man denke an Saudi-Arabien. Hinrichtungen aus solchen Gründen waren in vielen Ländern Europas üblich. De Sade aber hasste das Christentum, das er in jeder Form für einen lebens- und lustfeindlichen Aberglauben hielt. Für Pierre Klossowski ist de Sade daher ein Gesellschaftskritiker: „Insgesamt sieht eine Gesellschaft im Zustand der permanenten Immoralität wie eine Utopie des Bösen aus. Diese paradoxe Utopie entsprich dem virtuellen Zustand unserer modernen Gesellschaft."[1]

De Sades Kritik am familiären Tugendterror Rousseaus

De Sade avanciert daher vielleicht ein wenig wider Willen zum Kritiker des *Ancien Régime*. Schließlich ist er ja nicht nur dessen Nutznießer. Vielmehr lehnt er deren Gegner, die Aufklärung weitgehend ab. Natürlich nicht dort, wo sie an ihren Rändern die Religion kritisiert und sich sinnlich und hedonistisch präsentiert – man denke an d'Holbach und Diderot, über die Philipp Blom bemerkt: „Zu ihren großen Verdiensten gehört es, dem menschlichen Körper zum ersten Mal eine sichere und positive Rolle in der Philosophie zugestanden zu haben."[2] De Sade kritisiert die Aufklärung vielmehr dort, wo ihr Mainstream die Tugend hochhält und zwar sowohl die jungfräuliche als auch die politische, die man mit dem Namen Rousseau verknüpfen kann.

Rousseau geht davon aus, dass der natürliche Mensch nicht moralisch verdorben ist, sondern dass er das erst durch die Gesellschaft wird. Das Kind, das dem Naturmenschen nahe steht, sollte daher fern der Gesellschaft erzogen werden. Weil es ja der Natur noch nahe ist, sollte es sich weitgehend selbst entwickeln. Daran muss sich der Erzieher orientieren, der aber anders als viel später

---

[1] Pierre Klossowski, Sade – mein Nächster (1947), Wien 1996, 96
[2] Philipp Blom, Böse Philosophen – Ein Salon in Paris und das vergessene Erbe der Aufklärung, München 2011, 232

bei A.S. Neill ansonsten ziemlich genaue Vorstellungen von Erziehung hat. Das derart den Erzieher richtig erziehende und dadurch richtig erzogene Kind wird zum ordentlichen Bürger, der den Allgemeinwillen als seinen eigenen Willen anerkennt, der sich selbst als Teil des politischen Körpers versteht, keinen Egoismus entwickelt, sich vielmehr bereitwillig in die Gesellschaft einfügt. So schreibt Rousseau 1755: „Auf welch unbegreifliche Art und Weise hat man das Mittel gefunden, die Menschen zu unterjochen, um sie frei zu machen? Um im Dienste des Staates die Güter, die Hände, das Leben selbst aller ihrer Mitglieder einzufordern, ohne sie zu zwingen und ohne sie zu befragen? Ihren Willen an ihre eigene Zustimmung zu ketten? Ihre Einwilligung gegen ihre Verweigerung durchzusetzen und sie zu zwingen, sich selbst zu bestrafen, wenn sie tun, was sie nicht tun sollten?"[1] Mit dieser Argumentation wird Robespierre die die Guillotine in Bewegung setzen. Die Einheit von Staat und Bürger drückt sich in deren tugendhaftem Verhalten aus. Wer das nicht fertigbringt, der ist ein Feind des Staates, ja ein Feind seiner selbst, da jeder Mensch ein Teil des Staates ist, den Rousseau als einen biologischen Körper betrachtet. Dann darf man denselben in dessen eigenem Interesse hinrichten.

Bei der richtigen Erziehung der Bürger spielen auch die Frauen eine wichtige Rolle. Das natürliche Bedürfnis verwandelt sich in ein gesellschaftlich erzeugtes Begehren, das die Frauen jedoch durch ihre Scham kontrollieren. Daher sind Frauen ihrem Begehren nicht hilflos ausgeliefert, jedenfalls erheblich weniger hilflos als Männer. Wenn die weibliche Scham schwächelt, wenn Frauen sich erotisch offensiv benehmen, sich sexy stylen, dann haben sie sich diese Schamlosigkeit und ein solches entborgenes

---

[1] Jean-Jacques Rousseau, Abhandlung über die Politische Ökonomie (1755), Politische Schriften Bd. 1, Paderborn 1977, 19

Begehren durch Verbildung und gesellschaftlichen Konkurrenzkampf angeeignet.

Dagegen gemäß ihrer schamhaften Natur erzogen entwickeln Frauen somit dieses Begehren nicht bzw. fällt es ihnen leicht, es zu beherrschen. Der Mann ist ohne diese Scham indes seinem Begehren viel hilfloser ausgeliefert. Just die Frau, auf die sich ja dieses Begehren richtet, muss es daher zügeln. In der Phase der Werbung weckt und lenkt sie durch Zurückhaltung, Scham und Passivität das Begehren des Mannes. Die züchtige Ehefrau beherrscht das Begehren des Mannes, befreit ihn davon, so dass dieser ein tugendhafter Bürger wird, also ein Mitglied des Staatskörpers, das diesem freiwillig dient: von der Frau durchgesetzte Askese nicht mehr im Dienst des christlichen Seelenheils, sondern im Dienst des Gemeinwesens: die spartanische Mutter, die den Sieg des Vaterlands feiert, obgleich dabei ihre fünf Söhne umkamen. Magdalena Scherl schreibt in ihrer brillanten Rousseau-Interpretation: „Die tugendhafte Ehefrau hat es in der Hand, ihren Gatten zur bürgerlichen Tugend anzuhalten (. . .). Der Einfluss der Frauen entfaltet sich ganz zum Wohle der Republik, wenn er in der Ehe ausgeübt wird; ein guter Ehemann wird seiner liebenswürdigen Gattin nichts abschlagen. So liegt es in der Macht der Ehefrauen, bürgerliche Eintracht zu stiften, die republikanischen Sitten aufrechtzuerhalten und die Liebe zu den Gesetzen zu erwecken."[1] Damit gründet der Staat auf der Familie, die das individuelle Begehren weitgehend ausschaltet, also Individualität überhaupt. So antizipiert Rousseau den gehorsamen Untertan des 19. Jahrhunderts. Wer dabei nicht richtig funktioniert, schädigt sich selbst und muss in seinem eigenen Interesse bestraft

---

[1] Magdalena Scherl, Ersehnte Einheit, unheilbare Spaltung – Geschlechterordnung und Republik bei Rousseau, Bielefeld 2016, 153

werden, welches nirgendwo anders als im Gedeihen des Volkes liegt.

Diesen vor allem von Rousseau propagierten Moralismus, der gerade nicht vor der sexuellen Beziehung als Privatsache oder individuellen Angelegenheit halt macht, sondern gerade die Geschlechterdifferenz in den Dienst des Staates stellt – die Aufklärungsmoral enthüllt damit ihren antiemanzipatorischen Charakter – verachtet de Sade just als widernatürlich: den Naturmenschen – ob Frau oder Mann – treibt die Lust und nicht das Mitleid an. So stellt de Beauvoir im Anschluss an de Sade fest: „Die Behauptung, dass es ein gemeinsames Interesse gäbe, lässt sich durch nichts in der Natur begründen <de Sade zitierend>: ‚Die Interessen der einzelnen Menschen sind denen der Gesellschaft fast stets entgegengesetzt.'"[1] Aber nicht nur angesichts von de Sades Neigungen zur Libertinage, sondern wenn man seine Staatsutopie betrachtet, dann verwundert es nicht, dass er den Moralismus der Aufklärung etwa genau so scharf ablehnt wie den christlichen Glauben, wiewohl de Sade zugleich sexuellen Missbrauch in der Aristokratie wie den der Moral darstellt.

Die sich der Herrschaft der Liebe entziehende Lust

Just an dieser Stelle deutet sich wieder an, warum de Sade höchstens falsch rezipiert wird, etwa von Ursula Pia Jauch, wenn sie 2014 schreibt: „Schließlich die Krux mit dem Wesen der ständigen Wiederholung, wie sie eben allen vom (Schreib-)Trieb gesteuerten Szenarien inne wohnt: Auch die 22. Brutalkopulation, die 47. Vergewaltigung erfreut den Menschen nicht wirklich, insbesondere

---

[1] Simone de Beauvoir, Soll man de Sade verbrennen? 57

nicht den weiblichen. Man muss hier gar nicht zu überkandidelten Gendertheorien Zuflucht nehmen: Die vielgerühmte Autonomie des weiblichen Subjekts bräche nicht wirklich zusammen, wenn Justine & Juliette die Schlachtfelder der Sadeschen Züchtigungsszenarien verließen und dem Meister die Kündigung einreichten."[1] Offenbar hat sie de Sades Intentionen nicht erkannt.

Wenn Volker Reinhardt schreibt: de Sades „Anstößigkeit ist heute von allen Seiten bedroht. Sie wiederherzustellen war das Ziel dieser Biographie."[2] Dann gelingt ihm das dadurch, dass er de Sade aus seiner Zeit heraus versteht, nicht aber dadurch, dass er ihm eine Moralität attestiert, die seinen Hang zu später so benannten sadomasochistischen Praktiken domestiziert. Will man das Anstößige bewahren, dann muss man de Sade wie Georges Bataille lesen: Sades „Widerspruch galt weniger dem dummen und heuchlerischen als vielmehr dem anständigen Menschen, dem normalen Menschen, in einem gewissen Sinne dem, der wir alle sind."[3] Von Sades Kritik an der Anständigkeit führt der Weg zur Sexyness als anfänglicher Provokation, die die guten Sitten kommunikativ auflöst. De Sade verweigert sich der Moralität des Gemeinwillens.

Denn für de Sade entfremden staatliche wie soziale Ansprüche das Individuum, sind gemeinschaftsorientierte Ideale individuell eigentlich irrelevant. Noch der Liberalismus verlangt von der Minderheit, sich der Mehrheit nicht nur zu unterwerfen, sondern sich sogar dieser hinzugeben und sich ihr zu opfern. „Die logische Folge dieser Verleugnung", so de Beauvoir, „sind das Gefängnis und

---

[1] Ursula Pia Jauch, Wie deutsch ist der Sadismus; in: dies. (Hrsg.), Sade – Stationen einer Rezeption, Berlin 2014, 460

[2] Reinhardt, De Sade, 436

[3] Georges Bataille, Der heilige Eros (L'Érotisme, 1957), Frankfurt/M./Berlin/Wien 1984, 175

die Guillotine. Vollendet wird diese verlogene Brüderlichkeit durch Verbrechen, in denen die Tugend ihr abstraktes Antlitz wiedererkennt. ‚Nichts gleicht der Tugend mehr als ein großes Verbrechen', hat Saint-Just gesagt."[1] Wenn die Nazis die Folter gnadenlos ausdehnten, vielleicht in einer bis dahin noch nie dagewesenen Intensität, dann hat de Sade mit seinen Texten dergleichen kritisch antizipiert und führt vor allem vor, dass der Folterknecht sich dabei selbst entmenschlicht, ob es sich um die *120 Tage* oder *Juliette* handelt.

Wie konnte de Sade sich dann der französischen Revolution anschließen, ja sogar den Jakobinern? Das lag sicher nicht daran, dass er vom Dach der Bastille aus, in der er inhaftiert war, vor dem 14. Juli 1789 das Volk von Paris zum Sturm der derselben aufrief, sowie dazu, sich deren Direktor vorzunehmen. Als es soweit war, hatte man ihn just wegen derartigen Benehmens verlegt. Das unfertige Manuskript der *120 Tage von Sodom* ging bei diesem Umzug verloren. Dass er sich trotzdem 1790 nach seiner Entlassung den Jakobinern anschloss, hat sicher mit Überlebensinstinkt zu tun. Aus dem alten Adel Frankreichs stammend und 1740 geboren zu sein, das waren Lebensdaten von Menschen, die gute Chancen hatten, die Revolutionsjahre nicht zu überleben.

In einer anderen Hinsicht stimmte er jedoch mit den Jakobinern überein, jedenfalls eine Weile, nämlich in der Kritik der Religion. Doch das könnte ihm zum Verhängnis geworden sein. Denn er hatte als Sekretär eines wichtigen Pariser Viertels gerade in einer Denkschrift dazu aufgefordert, die harte Politik gegen die Kirche fortzusetzen, als sich der Vorsitzende des Wohlfahrtsausschusses Robespierre eines anderen besann. Gerade in der Provinz stieß die Revolution auf Widerstand und die Landbevöl-

---
[1] Simone de Beauvoir, Soll man de Sade verbrennen? 75

kerung hing an der Religion. Warum also ihnen diese nicht lassen.

Es könnte aber auch einen anderen Grund für seine Verhaftung im Dezember 1793 gegeben haben. De Sade hält diverse revolutionäre Reden und avanciert zum Revolutionsrichter. Er ist allerdings ein Feind der Todesstrafe und verhängt diese wahrscheinlich nicht häufig genug, war er doch auch Revolutionsrichter. So landete auf seinem Schreibtisch die Akte seiner Schwiegereltern, hatte ihm die Schwiegermutter schließlich 11 Jahre Gefängnis eingebrockt und zuvor eine jahrelange Verfolgung. De Sades Verhaftung könnte auch damit zusammenhängen, dass er 1791 anonym seinen Roman *Justine oder Die Unglücksfällt der Tugend* veröffentlichte, sein insgesamt erfolgreichstes Buch, in dem es nicht nur ähnlich zugeht wie in den *120 Tagen von Sodom*, in dem er vor allem die Tugend kritisiert, das Programm der Aufklärer wie der Jakobiner, allemal Robespierres, der sich gerade anschickt, die Tugend mit dem Terror durchzusetzen. Ein ähnliches Buch, das nicht er verfasst hatte, wurde ihm zugeschrieben. Jedenfalls wird er 1794 zusammen mit 27 anderen Angeklagten zum Tode verurteilt. Am 27. Juli fahren mehrere Karren mit den Gefangenen zur Guillotine. Ein Wagen kommt verspätet an und in ihm fehlt de Sade – absolut unklar, wie ihm das gelang. Obwohl der Sturz Robespierre gerade bekannt wird, vollstrecken die Schergen der Revolution die Todesurteile. Anders als Robespierre und seine Helfershelfer, ob aus Prinzip oder aus Pietät trotz alledem, er erweist sich gegenüber seinen Schwiegereltern als Menschenfreund, ein Ruf, den ihm ja die Nachwelt nicht zugestand.

Während die Aufklärung, allen voran Rousseau, der Natur moralisch heilsame Kräfte attestiert, regieren für de Sade in der Natur Grausamkeit und Gewalt. So heißt es in den *120 Tagen von Sodom*: „Das Verbrechen ist ein Modus der Natur, eine Methode, den Menschen anzutreiben. Warum soll ich mich nicht genauso durch das Verbrechen bewegen lassen wie durch die Tugend? Die Natur braucht das eine wie das andere."[1] Wenn die Aufklärung wie die Jakobiner gerade die Sexualität der Knute der Tugend unterwerfen wollen, dann verkennen sie für de Sade die Natur des Menschen wie die Natur überhaupt. So kann man die Moralkritik in *Justine* als eine Kritik des späteren Regimes der Jakobiner lesen: „Wer so unglücklich ist, weder Ansehen noch Schutz zu genießen, dem ist in Frankreich schnell der Prozess gemacht. Tugendhaftigkeit und Armut hält man hier für unvereinbar. Das Unglück ist vor unseren Gerichten der beste Beweis gegen den Angeklagten. Ein ungerechtes Vorurteil führt dort zu der Annahme, derjenige, der das Verbrechen begangen haben müsse, habe es auch wirklich begangen."[2]

De Beauvoir sieht in de Sades Fantasien allerdings viel stärker eine Kritik an der gesellschaftlichen Sexual- und Familienmoral, die für de Sade natürlich primär die Kirche vertritt und mit der Französischen Revolution aber zur bürgerlichen Staatsdoktrin erhoben wird. So ist de Sade trotz gewisser menschenfreundlicher Züge kein Vertreter einer Erotik, die durch Liebe domestiziert wird. Jedenfalls verlangt er gewisse Spielräume für die Sexualität. Für de Beauvoir behält de Sade recht: „indem er die Institution der Ehe und alle ehelichen Tugenden den Launen seiner Phantasie und seiner Sinne unterwarf, verhöhnte er die ganze Gesellschaft. (. .) wenn er in den Augen der Tugend seinen Prozess gewinnt, dann büßt das Gesetz viel von seiner Macht ein; denn die schrecklichsten Waffen des Gesetzes sind nicht das Gefängnis oder das Schafott, sondern jenes Gift, das es in leicht ver-

---

[1] Zit bei Reinhardt, De Sade, 68
[2] De Sade, Justine oder vom Missgeschick der Tugend (1791), Berlin 1996, 28

wundbare Herzen versenkt."[1] Nicht nur setzt mit der Französischen Revolution eine ungeheure soziale Disziplinierung ein, in der Schule, im Hospital, in der Armee, was Michel Foucault 1975 in *Überwachen und Strafen* ausführlich darstellt. Die monogame Ehe wird im 19. Jahrhundert zum einzig legalen Ort für sexuelle Praktiken, gegen die sich zumeist nur wenige Außenseiter zur Wehr setzen.

Umgekehrt aber bemerkt de Beauvoir über den alternden de Sade: „'Das Übermaß des Schreckens hat das Verbrechen abgestumpft', schreibt Saint-Just. Sades Sexualität ist nicht nur deshalb eingeschlafen, weil er alt und verbraucht ist, sondern weil die Guillotine die düstere Poesie der Erotik ausgelöscht hat."[2] Als de Sade stirbt hat das Jahrhundert der Prüderie gerade erst begonnen, das er sicher gerne verhindert hätte.

Die Animation durch serielle Grausamkeiten

Vor allem Nihilisten im 19. Jahrhundert und später Surrealisten und Existentialisten haben sich dementsprechend positiv auf de Sade bezogen. Das weist noch auf weitere Kreise. Zwar schreibt Simone de Beauvoir: „De Sade fühlt sich als Frau und wendet sich gegen die Frauen, weil sie nicht das von ihm ersehnte Maskuline sind (...). Es ist unmöglich, genau festzustellen, wieweit die Frauen für de Sade mehr waren als ein Ersatz und ein Spielzeug; fest steht immerhin, dass seine Sexualität anal organisiert war."[3] Trotzdem würde es wohl kaum verwundern, wenn de Sade zum Hassobjekt des Feminismus avancierte. Im Gegenteil, es beziehen sich auch Feminis-

---

[1] De Beauvoir, Soll man de Sade verbrennen? 17
[2] Ebd., 23
[3] Ebd., 33

tinnen positiv auf de Sade. Denn er postuliert die Gleichartigkeit der Geschlechter, ja er bewundert die sexuelle Kraft von Frauen, die für ihn Männern gegenüber sexuell stärker schienen.

De Sades Revolte liegt denn auch weniger in seiner eigenen Libertinage als darin, sich durch formulierte Kritik gegen Kirche und Staat aufzulehnen und bezüglich der Libertinage führt er vor, was passiert, was er selbst nicht getan hat. So bemerkt de Beauvoir: „Der Rausch der Tyrannei führt unmittelbar zur Grausamkeit, denn der Libertin empfindet, wenn er das ihm dienende Objekt quält, ‚alle Reize, die ein nervöser Mensch fühlt, wenn er seine Kräfte gebraucht; er beherrscht, er ist Tyrann'."[1] Pier Paolo Pasolini zieht in seinem Film *Salò oder die 120 Tage von Sodom* (Italien 1975) eine Linie zu den Verbrechen der Nationalsozialisten und versteht damit de Sade als Gesellschaftskritiker, nicht als grausamen Libertin. Schließlich plädiert de Sade politisch für eine Befreiung der Sexualität von den Fesseln traditioneller Tugendlehren. Just damit wird er positiv wie negativ Recht behalten, ob bei der Emanzipation von Frauen oder Homosexuellen oder wenn im Fernsehen keine Grausamkeit heute ausgelassen wird: warum sollte man aus der heutigen Perspektive nach diversen Entdiskriminierungsprozessen in den letzten Jahrzehnten just die Libertinage nicht als einen Akt der Befreiung aus sexuellen Normalisierungsdispositiven interpretieren?

Es geht ihm dabei jedoch nicht um die Akte, sondern um die Literatur, die er schreibt. Das hat natürlich mit seiner Lage nach seiner Inhaftierung zu tun. So bemerkt de Beauvoir: „Seine Phantasie enthebt ihn dem Raum, der Zeit, dem Gefängnis, der Polizei, der Leere der Abwesenheit, den undurchsichtigen Gegenwärtigkeiten, den Konflikten des Daseins, dem Tod, dem Leben und allen

---

[1] Ebd., 14

Widersprüchlichkeiten. Sades Erotik gipfelt nicht im Mord, sondern in der Literatur."[1]

Allerdings in einer Literatur, die seriellen Charakter entwickelt, was durchaus die postmoderne Literatur antizipiert. Michel Foucault weist in seinem Hauptwerk *Die Ordnung der Dinge* aus dem Jahr 1966 darauf hin, dass sich seit dem 19. Jahrhundert der Diskurs automatisiert hat: „De Sade gelangt ans Ende des Diskurses und des Denkens der Klassik. Er herrscht genau an ihrer Grenze. Von ihm an werden Gewalt, Leben und Tod, Verlangen, Sexualität unterhalb der Repräsentation eine immense, schattige Schicht ausbreiten, die wir jetzt so, wie wir können, wieder in unseren Diskurs, in unsere Freiheit, in unser Denken aufzunehmen versuchen. Aber unser Denken ist so kurz, unsere Freiheit ist so unterworfen, unser Diskurs so wiederkäuend, dass wir uns wohl darüber klar sein müssen, dass im Grund dieser Schatten unterwärts das Meer ist, aus dem wir trinken müssen. Die Üppigkeit *Juliettes* wird immer vereinzelter, und es hat kein Ende."[2] Was das 17. Jahrhundert einleitet, nämlich eine Biopolitik, um die Bevölkerung zu kontrollieren, das wird das 19. Jahrhundert vollenden und das durch staatliches biopolitisches Zutun vermehrte Volk auf die Schlachtfelder der Weltkriege des 20. Jahrhunderts führen.

Im Sinne Foucaults spiegelt die Sexualität ihre Funktionsweisen nicht im Rasen der Leidenschaften, sondern in der Maschinisierung, die de Sades Schreibweisen mit ihren formelhaften Wiederholungen ausdrücken, die einerseits noch beinahe wie in der Aufklärung ihre Gegenstände repräsentieren. Andererseits aber sind sie die Bewegung selber, die auszudrücken sie vorgeben. So heißt es in *Juliette*: „Schon der bloße Gedanke lässt sein

---

[1] De Beauvoir, Soll man de Sade verbrennen? 41
[2] Michel Foucault, Die Ordnung der Dinge – eine Archäologie der Humanwissenschaften (1966), Frankfurt/M. 1974, 263

Glied ganz steif werden. – ‚Mein Herr, ich glaube, wäre ich in Macht und Ansehen, ich würde für mein Leben gerne in gewissen Augenblicken dabei Missbrauch treiben.' ‚Nicht wahr, in Momenten der Erregung?' – ‚Ja.' – ‚Ich habe es mir gedacht.' ‚O mein Herr, opfern wir einige Unschuldige; dieser Gedanke verwirrt mich vollständig.' Zugleich rieb ich sein Glied. – ‚Warten Sie', rief er, indem er ein Papier aus seiner Brieftasche zog, ‚ich brauche nur zu unterschreiben, um morgen ein hübsches Ding, das ihre Familie nur wegen Unzucht mit Frauen einsperren ließ, dem Tode zu weihen. Ich sah sie; sie ist reizend; am nächsten Tag vergnügte ich mich mit ihr'."[1] Während die Erregung schematisch bleibt, überträgt sie sich auf eine politische Grausamkeit. Zugleich versteckt de Sade die Botschaft, dass andere Formen der Sexualität durch *lettres de cachet* von den Familien selbst verfolgt werden konnten – also sein eigenes Schicksal. Dabei sperrt sich de Sades Schreibweise gegenüber einem delektierenden Konsum und entfaltet dadurch eine analytische Kraft, ist es doch schlicht mühsam de Sade zu lesen.

Durch das Spiel der Lüste andere erkennen

De Sade betritt Neuland; denn es wird noch ca. 100 Jahre dauern, bis die Psychoanalyse den Geheimnissen der Lust auf der individuellen Ebene nachgeht. Wenn nach Foucault die Behörden und Wissenschaftler seit dem 17. Jahrhundert angefangen haben, sich für die Sexualität zu interessieren, so verblieb das auf einer allgemeinen sozialen Ebene, denen die Menschen untergeordnet wurden, spielten Staat und Gesundheitswesen seit diesen Anfängen fleißig zusammen. Schopenhauer wird seine Studien

---

[1] De Sade, Juliette oder Die Vorteile des Lasters (1796/98), Frankfurt/M./Berlin 1990, 54

erst nach dem Tod de Sades beginnen, auf die Freud dann zurückgreifen kann. So „fesseln uns seine <de Sades> Bücher," bemerkt de Beauvoir, „sobald wir erkennen, dass er mittels seiner ermüdenden Wiederholungen, klischeehaften Formulierungen und stilistischen Ungeschicklichkeiten eine Erfahrung mitzuteilen versucht, deren Eigenart es gerade ist, nicht mitteilbar zu sein."[1]

Für de Sade eröffnet die sexuelle Beziehung oder die Praxis der Lust vielmehr sogar einen Blick in das Selbst des anderen Menschen: *Der Gebrauch der Lüste*, wie es Foucault nennt, stellt für de Sade eine Form der Erkenntnis dar. So schreibt de Beauvoir: „Durch die Erschütterung wird das Dasein in sich und im anderen gleichzeitig als Subjektivität und Objektivität erfasst; in dieser mehrschichtigen Einheit verschmelzen die beiden Partner, jeder wird von seiner eigenen Gegenwart befreit und gelangt zu einer unmittelbaren Kommunikation mit dem anderen."[2]

Sartre und de Beauvoir werden de Sades Konzeption in ihre individuelle Praxis umsetzen. Als sie sich kennenlernten, verabredeten sie, die Begegnung mit anderen Menschen nicht auszuschließen. Der Gebrauch der Lüste beschränkt sich keinesfalls auf den Orgasmus, sondern auf eine gemeinsame Erfahrung, bei der sich die Individuen gegenseitig erleben. Nietzsche wird noch den Rausch, das dionysische Element der Kunst, als einen Verlust des individuellen Bewusstseins, als ein Aufgehen in der Gemeinschaft beschreiben. Doch seit den Drogenerfahrungen der neunzehnhundertsechziger Jahre transformiert sich der Rausch zu einem wesentlichen individuellen Erlebnis, bei dem sich das Individuum gerade nicht verliert, sondern erfährt und erlebt, und beim Gebrauch der Lüste zusammen mit anderen Menschen.

---

[1] De Beauvoir, Soll man de Sade verbrennen? 10
[2] Ebd., 29

„Die Erotik ist bei Sade eine Art der Kommunikation", so de Beauvoir, „und zwar die einzig gültige; einen Ausspruch von Claudel parodierend, könnte man sagen, dass ‚der Koitus der kürzeste Weg von einem Herzen zum anderen ist'."[1] In ihrem Roman *Die Mandarins von Paris* legt de Beauvoir eine ähnliche Auffassung Nadine, der jungen aufmüpfigen, aber nicht besonders schönen Tochter von Anne in den Mund. Nadine verführt Henri – Albert Camus lässt wenig schmeichelhaft grüßen (obgleich sie das im dritten Band ihrer Memoiren vehement dementiert) und erwartet am Ende sogar von ihm ein Kind: Zu Nadine „(. .) sagte <Henri> vergnügt: ‚Warum eigentlich warst du so darauf erpicht, mit mir zu schlafen?' ‚Um dich kennen zu lernen.' ‚Lernst du die Leute immer auf solche Weise kennen?' ‚Wenn man mit einem schläft, bricht man das Eis. Man versteht sich doch dann besser als vorher, oder nicht?'"[2] Das war 1954 zweifellos sehr gewagt, als man noch von ‚Sex vor der Ehe' als einer sehr unsittlichen Angelegenheit sprach. Nun, de Beauvoir dachte ja lange schon anders. Nicht nur dass also de Sade hier explizit grüßen lässt – wird ihr Aufsatz über de Sade ja 1955 veröffentlicht.

Nach de Beauvoir beschränkt sich de Sade auf eine individuelle Auflehnung, die für die sittliche Ordnung als Verbrechen erscheinen muss. An eine gemeinsame Handlung von Menschen, die sich gar zusammenschließen, könne er noch nicht denken. Für den Jakobiner de Sade kann das schwerlich gelten. Aber natürlich konnte er noch nicht an das Proletariat von Marx denken, was nach dem Ende der Sowjetunion wohl als eine Gnade früher Geburt erscheinen könnte. Schwerlich hätte er dergleichen befürwortet, war er doch ein Feind der Tugend. Die Welt hat sich trotzdem massiv verändert selbst noch seit

---

[1] Ebd. 72
[2] Dies, Die Mandarins von Paris (1954), Reinbek 1965, 52

dem Drama über Jean Paul Marat und de Sade, in dem Peter Weiss 1965 am Schluss alle rufen lässt: „Revolution Revolution / Kopulation Kopulation"[1]. Aber darüber reden, verbleibt bis heute in der Schmuddel Ecke, selbst wenn diese längst öffentlich im Fernsehen stattfindet. Ich wäre mir nicht so sicher, dass das nicht im Sinn von de Sade wäre, während Volker Reinhardt de Sade womöglich in Schutz nehmen möchte: „Der Marquis hätte sich vor Grauen und Lachen zugleich geschüttelt: Peitschenhiebe, die auf ein vorher vereinbartes Stichwort hin aufhören, waren seine Sache nicht."[2]

---

[1] Peter Weiss, Die Verfolgung und Ermordung Jean Paul Marats dargestellt durch die Schauspielgruppe des Hospizes zu Charenton unter Anleitung des Herrn de Sade (1965), Frankfurt/M. 1971, 136

[2] Reinhardt, De Sade, 435

2. Kapitel
Ehe und Sex im 19. Jahrhundert

Durch die rigide Moral der Aufklärung – befeuert durch eine lustfeindliche protestantische Ethik, die teilweise auch vom Katholizismus übernommen wird, entsteht ein vermeintlich bequemer Sinn der Ehe, die entweder gar nicht geschieden werden durfte oder als die Scheidung absolut verpönt war. In seinem Roman *L'Adultera* darf Theodor Fontane 1882 seiner Heldin nach der Scheidung keine glückliche zweite Ehe gönnen. Das hätte in Berlin einen Skandal ergeben. Wenigstens musste sie erleiden, dass der Vater ihres Neuen bankrottierte, so dass das neue Glück in der kleinen Hütte stattfand – die bereits im Diesseits ausgleichende Gerechtigkeit Gottes, die nach Thomas von Aquin von den unsichtbar wirkenden Engeln exekutiert wird.

Moralische und ökonomische Integrität anstatt Sexyness

Im 19. Jahrhundert war die Ehe der einzige legale Ort für sexuelle Praxis, durften zuvor viele Bevölkerungsgruppen gar nicht heiraten, waren diese also zu einer Art Illegalität gezwungen, um die sich niemand scherte. Zwar bot die Ehe Sicherheit, war die Monogamie selbstverständlich religiös und ethisch untermauert. Nur war es gar nicht so einfach eine Ehe zu schließen. Geworben wurde dazu nicht mit Sexyness, sondern mit den passiven christlichen Tugenden wie Sitte, Keuschheit, Jungfräulichkeit, Frömmigkeit und Gehorsam.

Wie kommt man mit solchen Tugenden zu einer Ehe? Das war das große Problem beider Geschlechter. Die Frauen mussten sich zurückhalten, durften keine Gefühle zeigen, warben aber genauso wie Männer mit ihrem Vermögen, und zwar zumeist in Form der Mitgift, die wiederum für Männer durchaus ein entscheidendes Argument war. Diese sollten ihrerseits durchaus Gefühle bekunden, vor allem aber beweisen, dass sie ökonomisch und moralisch integer sind. Das gegenseitige Verhältnis formuliert dabei Johann Gottlieb Fichte bereits 1796: „Der Mann kann freien, das Weib nicht."[1] Also Frauen mussten auf Angebote warten, Männer welche abgeben.

Die Familien redeten bei der Eheschließung ein wichtiges Wort mit, was man besonders eindringlich in Adalbert Stifters *Nachsommer* aus dem Jahr 1857 nachlesen kann. Als sich die Liebenden erkennen, umarmen, küssen, erregen sie sich nicht, spielt der Sex auch keine indirekte Rolle, sondern sie beginnen ein Gespräch, das in den Satz Nataliens mündet: „Mein Freund, wir haben uns der Fortdauer und der Unaufhörlichkeit unserer Neigung versichert, und diese Neigung wird auch dauern; aber was nun geschehen, und wie sich alles Andere gestalten wird, das hängt von unsern Angehörigen ab, von meiner Mutter, und von Euren Eltern.' ‚Sie werden unser Glück mit Wohlwollen ansehen.' ‚Ich hoffe es auch; aber wenn ich das vollste Recht hätte meine Handlungen selber zu bestimmen, so würde ich nie auch nicht ein Teilchen meines Lebens so einrichten, dass es meiner Mutter nicht gefiele; es wäre kein Glück für mich. Ich werde so handeln, so lange wir beisammen auf der Erde sind. Ihr tut wohl auch so?' (. .) ‚aber sprecht, wenn eins von diesen nein sagt?' ‚Wenn eines nein sagt, und wir es nicht überzeugen können, so wird es Recht haben, und wir

---

[1] Johann Gottlieb Fichte, Grundlage des Naturrechts nach den Prinzipien der Wissenschaftslehre (1796), Hamburg 1979, 165

werden uns dann lieben, so lange wir leben, wir werden einander treu sein in dieser und jener Welt, aber wir dürfen uns dann nicht mehr sehen.'"[1] (417) Damit insistiert Stifter auf der traditionellen Familienordnung, bei der sich die Kinder ihren Eltern fügen. Er hätte es gar nicht erwähnen müssen, denn Spannung wollte er nicht erzeugen, wird diese sich andeutende nämlich bereits im nächsten Satz wie immer bei Stifter aufgelöst.

Erst wenn sich die Frau der Gefühle und der Integrität des Verehrers sicher war – im *Nachsommer* können die Familien die beiden Liebenden zuvor jahrelang beobachten, wie diese sich gegenseitig –, durfte die Frau nach Beratung mit ihrer Familie und nach deren Zustimmung ihre Gefühle ebenfalls äußern, indem sie den Heiratsantrag annahm oder ablehnte. Die Verlobungszeit – so Eva Illouz – hatte weniger den Sinn, dass sich die Verlobten kennen lernen, um gegebenenfalls die Eheschließung noch absagen zu können, als vielmehr zu beweisen, dass der Mann in der Lage ist, sein Versprechen der Treue zu halten und man seine ökonomische Leistungsfähigkeit noch eine Weile prüfen kann. Die Frau aus der gehobenen Mittelschicht bekam während ihres heiratsfähigen Alters nicht allzu viele Angebote, wie umgekehrt für den entsprechend situierten Mann auch nicht viele Frauen in Frage kamen, denen er mit einer gewissen Aussicht auf Erfolg einen Antrag hätte machen können.

Aber beide Seiten waren bereit zu einer festen, lebenswährenden Bindung im Rahmen der monogamen Ehe, wie sie der Nationalstaat von ihnen verlangte. Für den Mann gehörten Familie und Kinder ja auch zur Bestätigung seiner Männlichkeit, für die Frau erfüllte sich sowieso nur in der Familie ihr Leben. Trotzdem insistiert Eva Illouz darauf, dass die Frauen nicht einfach hilflos den Männern ausgeliefert waren, im Gegenteil. Sie besa-

---

[1] Adalbert Stifter, Der Nachsommer (1857), München o.J., 417

ßen vor der Ehe im Zuge des Antragsverfahrens eine große Autonomie gegenüber dem Mann, konnten sie sein Angebot ja ablehnen. Die Mitgift sicherte diese Position in der Ehe wenigstens tendenziell, musste diese häufig zurückgezahlt werden, sollte der Mann sich scheiden lassen. Jedenfalls war die Ehe das Lebensziel von Männern und Frauen. Sie tröstete normalerweise über schlechte Arbeitsverhältnisse hinweg. Sie war anders als im Internetzeitalter die Lebensaufgabe, die man auch unter schlechten Arbeitsbedingungen zu bewältigen hatte. „Während Männlichkeit im 19. Jahrhundert durch emotionale Standhaftigkeit und die nahezu ostentiave Zurschaustellung der Fähigkeit des Mannes, Versprechen zu geben und zu halten, zum Ausdruck gebracht wurde, äußert sich die moderne Männlichkeit eher in einer emotionalen Verweigerung als darin, Gefühle unter Beweis zu stellen."[1]

Es verwundert folglich nicht, dass sich Gefühle, also die Liebe, kaum auf das Äußere, also die Schönheit stützten, sondern auf die moralische und ökonomische Integrität. Die Frau durfte keinesfalls sexy sein, war dergleichen gar bis weit ins 20. Jahrhundert hinein für Eheleute verpönt. Einerseits demonstriert eine sich schön machende Ehefrau, dass sie womöglich ein Interesse an anderen Männern haben könnte. Andererseits gefährdet sie damit andere Ehen. Es herrschte weitgehend ein Gruppendruck auf Ehefrauen, sich unattraktiv zu kleiden.

Außerdem gab es auch eine lange christliche Tradition, die gerade die erotische Schönheit und Sexyness verabscheut – wie heute noch in religiösen Kreisen, besonders auffällig im traditionellen Islam. Denn sich um seine Äußerlichkeit zu bemühen, das lehnten – so Jean Baudrillard – bereits die Kirchenväter als teuflisch ab: „Sich mit seinem Körper beschäftigen, ihn pflegen, ihn

---

[1] Illouz, Warum Liebe weh tut, 197

schminken, das bedeutet, sich zum Rivalen Gottes aufzuwerfen und die Schöpfung anzufechten.'"[1] Dann will die Frau schöner sein, als Gott sie geschaffen hat. Es zeugt zudem von einem Begehren, das den geforderten Tugenden widerstreitet. Zugleich lenkt das Aufmerksamkeit und Ressourcen von den familiären Pflichten der Eheleute ab, schließlich geht es in der Ehe um anderes als um Schönheit oder Sexyness.

So wenig wie die heutigen Styling-Techniken waren Leidenschaften gefragt, die kaum Dauerhaftigkeit versprechen konnten. Das Flüchtige, Veränderliche, der Wankelmut, gar die Lust konnten doch kein Fundament der Ehe bilden. Die nationalstaatliche Aufgabe von Bürgern hieß, dem Vaterland Nachwuchs zu liefern, um den man sich auch kümmern musste: das war der staatliche Sinn der monogamen Ehe als einzigem legalen Ort für den Gebrauch der Lüste, der sich im 19. Jahrhundert weitgehend auf den ehelichen Sexualakt und natürlich auf das Rollenverhalten der Geschlechter beschränkt. Das hatte also nichts mit äußerlichen, sexuell affizierenden Eigenschaften zu tun. Natürlich vorhandene Schönheit – wenn es denn so etwas gibt – wurden wie heute noch im traditionellen Islam versteckt.

"Eine nüchterne Kindererzeugung' innerhalb der Ehe."

Vorbereitet wurde diese Entwicklung einerseits durch die Reformation. Von Martin Luther ist der berühmte Ratschlag an die Eheleute überliefert, es zweimal die Woche geschehen zu lassen. Ergänzt wurde dergleichen noch durch die Aufforderung von Medizinern, um die Menst-

---

[1] Zit. bei Jean Baudrillard, Von der Verführung (1979). München 1992, 128

ruation herum möglichst viele Tage enthaltsam vergehen zu lassen, womit die Wahrscheinlichkeit einer Schwangerschaft massiv erhöht wurde. Vom asketischen Protestantismus – beispielsweise Kalvinisten und Puritanern – überliefert Max Weber die Regeln: „Verpönt ist jeder Überschwang des Gefühls für Menschen als Ausdruck einer den alleinigen Wert der göttlichen Heilsgabe verleugnenden Vergötterung des Kreatürlichen, - 'Beruf' aber die rational nüchterne Mitarbeit an den durch Gottes Schöpfung gesetzten sachlichen Zwecken der *rationalen Zweckverbände* der Welt. Verpönt ist die kreaturvergötternde Erotik - gottgewollter Beruf ‚eine nüchterne Kindererzeugung' (wie die Puritaner es ausdrücken) innerhalb der Ehe."[1]

Marianne Weber teilt die Bewunderung ihres Mannes für diese asketische Lebensführung, die alle Leidenschaft, vor allem Lust und Begehren verdrängt. Das hatte er ihr schon in einer Art Brautbrief vor der Hochzeit 1893 geschrieben: „Keine phantasievolle Hingabe an unklare und mystische Seelenstimmung dürfen wir in uns dulden. Denn wenn die Empfindung Dir hoch geht, musst Du sie bändigen, um mit nüchternem Sinn Dich steuern zu können."[2] Marianne Weber, die sich an der Frauenbewegung der Jahrhundertwende beteiligt, sieht denn auch gerade in dieser Hinsicht einen Vorteil am asketischen Protestantismus für eine Emanzipation der Frauen. Diese Askese diszipliniert nämlich die Männer, so dass eine „unbefangene, rein menschliche Kameradschaftlichkeit zwischen den Geschlechtern"[3] erreichbar wird. Die Emanzipation soll durch die Verdrängung von sexueller Lust und

---

[1] Max Weber, Die protestantische Ethik I (1904/05), 5. Aufl. Gütersloh 1979, 323
[2] Zit. bei Jürgen Kaube, Max Weber – Ein Leben zwischen den Epochen, Berlin 2014, 95
[3] Zit. bei ebd., 266

Begehren gefördert werden. Das entspricht dem asketischen puritanischen Geist des 19. Jahrhundert.

Selbst die emanzipationsbewussten Frauen geraten damals in dieselbe Falle wie ihre angepassten Geschlechtsgenossinnen, samt ihren Ehemännern. Webers Mutter war wahrscheinlich als pubertierende von ihrem Hauslehrer entweder vergewaltigt oder zumindest schwer belästigt worden. Der Hauslehrer wurde desavouiert, aber nicht angezeigt, die Betroffene daraufhin umgehend mit 16 Jahren verheiratet – mit Webers Vater. Über eineinhalb Jahrzehnte lang wird sie ca. alle 2 Jahre gebären. Angesichts der unglaublichen Kinderzahlen verwundert Marianne Webers Hoffnung auf den protestantischen Asketismus nicht, was die Welt rationaler und gefühl- wie lustloser macht – und gegebenenfalls Frauen von der Last des Gebärens befreit, zumeist ihnen aber eine unmäßige aufbürdet. So bemerkt Webers Biograph Jürgen Kaube, „dass sich an Weber exemplarisch zeigt, wie schwer und unter Umständen qualvoll es war, die passionierte Liebe in einer Epoche zu lernen, die sie erwartet und zugleich die Erfüllung dieser Erwartungen ganz unwahrscheinlich macht."[1]

Webers Ehe entspricht wahrscheinlich nicht unbedingt dem Durchschnitt seiner Zeit, aber einem bestimmten Prototyp; denn die beiden Eheleute vermieden durchgängig eine gemeinsame sexuelle Praxis. Oder man denke an jenes einschlägiges Detail, dass die Nachtwäsche entsprechende Schlitze hatte, so dass ein Geschlechtsverkehr angekleidet möglich war und auf diese Weise auch fleißig – zweimal die Woche – praktiziert wurde, was gar nicht so wenig ist, wenn es denn über Jahrzehnte hinweg durchgehalten worden wäre, was eher unwahrscheinlich anmutet.

---

[1] Ebd., 401

Trotzdem verbanden gerade Frauen mit diesem Asketismus Hoffnungen auf die Emanzipation: sozusagen die emotionale Bändigung der Männer, die Frauen jedenfalls ein Stückweit von ihrer Opferrolle entlasten soll. Henri Bergson, ein Zeitgenosse Webers, lehnt die geschlechtliche Lust aus traditionellen religiösen Gründen ab. Er schreibt: „Die Forderungen des Geschlechtstriebes sind mächtig, aber man würde schnell mit ihnen fertig werden, wenn man sich an die Natur hielte."[1] Er kritisiert schon 1932 eine sexualisierte Kultur, womit er Recht behalten wird. Allerdings wird sich das ein Jahrhundert lang intensivieren und nicht abnehmen. Genauso falsch aber im Geist des 19. Jahrhunderts liegt er, wenn er ergänzt: „Die Frau wird das Anbrechen dieser Zeit in dem Maße beschleunigen, wie sie wirklich und aufrichtig den Wunsch haben wird, dem Manne gleichgestellt zu werden, statt, wie noch jetzt, das Instrument zu bleiben, das darauf wartet, unter dem Bogen des Musikers zu ertönen. Wenn diese Umwandlung erfolgt, wird unser Leben ernsthafter und gleichzeitig einfacher werden. Das was die Frau an Luxus verlangt, um dem Manne zu gefallen und durch Rückwirkung, sich selbst zu gefallen, wird zum großen Teil überflüssig werden. Es wird weniger Verschwendung geben und auch weniger Neid."[2] Weniger Sexyness! Nein, das ist gerade nicht eingetreten. Dass Bergson der Frau die kapitalistische Verschwendungssucht in die Schuhe schieben will, erinnert daran, dass man bis ins 18. Jahrhundert die Frau als lüstern und triebmäßig unbeherrscht hielt. Eva Illouz wird das mal ganz anders sehen.

---

[1] Henri Bergson, Die beiden Quellen der Moral und der Religion (1932); in: ders., Materie und Gedächtnis und andere Schriften, Frankfurt/M. 1964, 477

[2] Ebd., 477

Die Pflicht zur Enthaltsamkeit als Menschenrecht

Wer jetzt allerdings unterstellt, dass sich die Prüderie des 19. Jahrhundert der Reformation im Besonderen und der Religion im Allgemeinen verdankt, der täuscht ist. Auch der Mainstream der Aufklärung postuliert im 18. Jahrhundert einen rationalisierten Umgang mit der geschlechtlichen Lust, wie ihn Weber für den asketischen Protestantismus diagnostiziert. Nicht nur dass es unzählige Zeitschriften zur Hebung der Moral der Bürgersfrau gab, liess sich doch das Bürgermädchen gerne von Adligen verführen – man denke nur an die Gretchen-Tragödie in Goethes *Faust I*. Der erste große deutsche Bildungsroman, Christoph Martin Wielands *Geschichte des Agathon* lässt die Liebenden entsagen und verbindet sie allein in unerotischer Freundschaft ohne sexuelles Begehren, jener Kameradschaft, die Marianne Weber preist. So erklärt seine Angebetete *Agathon* diesen Verzicht gar mit den Worten: „'Und wenn du sie liebest, so freue dich mit ihr, dass sie dieses Glück in einem Alter gefunden hat, wo die Opfer, die sie der Tugend bringt, noch verdienstlich sind!' (...)Er (...) fühlte in demselben Augenblicke, dass die bessere Seele die Oberhand in ihm gewann. (...) ‚Ja', rief er, ‚bei dieser Hand schwör ich es, Chariklea! Der Tugend, der du dich geweiht hast, und die in diesem entscheidenden Augenblick aus deinem Munde zu mir spricht, ewig getreu zu bleiben! Für sie, für sie allein sind unsre Herzen gemacht! Wir verirrten uns von ihr – aber nur um weiser zu werden, (...).“[1] Und wenn Agathon doch gelegentlich die praktische Durchführung reiner Kameradschaft schwerfällt, dann geht er eine Weile auf Reisen.

---

[1] Christoph Martin Wieland, Geschichte des Agathon (1766, 1773, 1794), München 1964, 542

Doch die bürgerliche Ehe stützt sich im 18. Jahrhundert nicht allein auf die Tugend. Man entdeckt sogar die Liebe als Grundlage der Ehe und stellt sie der adeligen Ehe entgegen, der es ja um die Dynastie geht, gerade nicht um die Liebe. Am Anfang des 19. Jahrhunderts wird man indes erkennen, dass man die Ehe denn doch auch nicht auf Gefühle stützen kann, die wankelmütig sind. Daher verbindet dann die romantische Liebe die Liebenden nachhaltig erst im Jenseits, nicht im Diesseits. Noch Friedrich Nietzsche erkannte in solchen Gefühlen einen Wertezerfall von Familienehre und Geschlechterkontinuität, bei der nur die Eltern die Ehen der Kinder zu schließen befugt waren.

Vor diesem Hintergrund einer bürgerlichen Ehe, die sich schwerlich nachhaltig auf die Liebe zu stützen vermag, liegen nach Immanuel Kant Vernunft und Sinnlichkeit miteinander im Konflikt. Doch nicht nur dass er daher die protestantische Ethik auf ein rationales Fundament stellt. Er begründet auch, warum allein die Ehe der Ort ist, an dem die Lüste legal gebraucht werden dürfen und antizipiert dadurch den Umgang mit der geschlechtlichen Liebe im 19. Jahrhundert. Daraus ergibt sich, dass der sexuelle Akt nämlich gerade keine Privatangelegenheit ist, sondern eine öffentliche. Das liegt aber keineswegs primär daran, dass durch ihn Kinder gezeugt werden können, wie man vorschnell meinen könnte. Kant schreibt 1797 in der *Metaphysik der Sitten*: „Der natürliche Gebrauch, den ein Geschlecht von den Geschlechtsorganen des anderen macht, ist ein Genuss, zu dem sich ein Teil dem anderen hingibt. In diesem Akt macht sich ein Mensch selbst zur Sache, welches dem Rechte der Menschheit an seiner eigenen Person widerstreitet."[1] Die Beteiligten geben sich einander hin und reduzieren sich

---

[1] Immanuel Kant, Die Metaphysik der Sitten (1797), Akademie Textausgabe Bd. VI. Berlin 1968, 278

gegenseitig zu einer Sache, sind keine Personen mehr, was sie aber gar nicht sein dürfen – eine rationale Begründung der Erbsündenlehre, eine hochgefährliche Angelegenheit.

Beinahe könnte man Kant jedoch durchaus zustimmen. Denn wie beschreibt Umberto Eco den orgastischen Augenblick: „Ja, ich gestehe, in diesem Moment erlosch in mir der wache Sinn für die Differenz."[1] Der der Lust hingegebene Mensch kann sich nicht mehr beherrschen, macht er sich folglich dadurch zu einer Sache, was sowohl der Würde des Menschen als auch den Menschenrechten widerspricht. Denn er hebt durch den sexuellen Akt das Recht an seiner eigenen Person auf, ein Menschheitsrecht, somit auch eine Pflicht zur Person, der man sich selbstverständlich nicht entziehen darf. Menschenrechte ziehen Pflichten nach sich, beispielsweise die Pflicht zur Enthaltsamkeit und nicht mal um andere zu schützen, sondern sich selbst. Während des gegenseitigen Gebrauchs der Geschlechtsorgane macht man sich nämlich zum Sklaven. Zwar wird im 18. Jahrhundert ein intensiver Sklavenhandel betrieben. Bestimmte Volksgruppen nimmt man von den Menschenrechten nun mal aus, die anderen nicht. Es geht also darum, dass man als Person einem anderen gehört, ein Problem, das sich indes lösen lässt. So schreibt Kant weiter: „Nur unter der einzigen Bedingung ist dieses möglich, dass, indem die eine Person von der anderen gleich als Sache erworben wird, diese gegenseitig wiederum jene erwerbe; denn so gewinnt sie wiederum sich selbst und stellt ihre Persönlichkeit wieder her. Es ist aber der Erwerb eines Gliedmaßes am Menschen zugleich Erwerbung der ganzen Person, – weil diese eine absolute Einheit ist, (...)."[2]

---

[1] Umberto Eco, Der Name der Rose – Roman (1980), München 1982, 315
[2] Kant, Die Metaphysik der Sitten, 278

Der „lebenswierige wechselseitige Besitz ihrer Geschlechtseigenschaften."

Unter welchen Umständen ist das möglich? Heute würde man daran zweifeln, dass es überhaupt Bedingungen gibt, unter denen man sich gegenseitig besitzt. Für Kant ist das noch kein Problem: Durch die Eheschließung erwerben sich die Partner gegenseitig. In einer solchen Konzeption kann es denn auch keine Vergewaltigung in der Ehe geben. Denn die Ehepartner gehören einander, können somit mit dem anderen machen, was sie wollen. Bekannter Weise bewachen sich die Eheleute gerne gegenseitig, fordern Treue ein, als wenn ihnen die Geschlechtsorgane des Partners gehören würden. Das ist nach Kant auch so: „Die natürliche Geschlechtsgemeinschaft ist nun entweder die nach der bloßen tierischen Natur (vaga libido, venus volgivaga, fornicatio), oder nach dem Gesetz. – Die letztere ist die Ehe (matrimonium), d.h. die Verbindung zweier Personen verschiedenen Geschlechts zum lebenswierigen wechselseitigen Besitz ihrer Geschlechtseigenschaften."[1] Geht es dabei um den Gebrauch der Geschlechtsorgane? Nein, es geht um den Zweck der Ehe, der im gegenseitigen lebenswährenden Besitz derselben unter den Eheleuten liegt.

Dabei intendiert Kant vor allem, dass der Zweck der Ehe nicht die Kinderzeugung darstellt, weil dann der Zweck der Ehe mit dem Erwachsenwerden der Kinder entfiele. Das aber würde dem gegenseitigen Eigentum aneinander widersprechen, das ja dann zeitlich beschränkt wäre. Doch wäre die Zeit der Ehe beschränkt, würde man sich nicht in der anderen Person zurückbekommen und seine Hingabe damit kompensieren. Man würde sich selbst für unmündig erklären, über den Part-

---

[1] Kant, Die Metaphysik der Sitten, 277

ner aber nur eine Weile bestimmen dürfen. Dass sich das nicht auf eine gewisse Zeit beschränken lässt, liegt daran, dass Gesetze genauso wie moralische Maxime allgemein gültig sein müssen und nicht nur unter bestimmten Umständen gelten dürfen, hat also einen rational universellen, keinen humanen Hintergrund, geht es nicht um ein gemeinsames, sich gegenseitig stützendes Altern, sondern allein darum, weil lebenswährende Monogamie Gesetz ist.

Auch bei Fichte klingt das bereits 1796 ähnlich: „Die Ehe ist eine durch den Geschlechtstrieb begründete vollkommene Vereinigung zweier Personen, die ihr eigner Zweck ist." [1] Es geht also um die Vereinigung, die durch den Geschlechtstrieb zustande kommt, in diesem aber nicht seinen Zweck hat. Genauso ist für Kant die Ehe gegenseitiges Eigentum und hebt die eigene Freiheit auf. Nicht nur gehören den Ehepartnern wechselseitig deren Geschlechtsorgane einschließlich der Geschlechtseigenschaften, sondern jeweils die ganze Person, über die man zu bestimmen berechtigt ist. „Dass aber dieses persönliche Recht es doch zugleich auf dingliche Art sei," schreibt Kant weiter, „gründet sich darauf, weil wenn eines der Eheleute sich verlaufen, oder sich in eines Anderen Besitz gegeben hat, das andere es jederzeit und unweigerlich gleich als eine Sache in seine Gewalt zurückzubringen berechtigt ist."

Damit legitimiert Kant die Ehe als einzigen legalen Ort für den Gebrauch der Geschlechtsorgane und zwar durch ein Eigentumsrecht an der ganzen Person „gleich als eine Sache". Die Eheleute haben ein Recht, die Geschlechtseigenschaften ihres Partners zu prägen: Man darf sich gegenseitig vorschreiben, welche Kleidung man zu tragen hat – meine Großmutter legte meinem Großvater die

---

[1] Fichte, Grundlage des Naturrechts nach den Prinzipien der Wissenschaftslehre, 174

Hemden hin, die er anzuziehen hatte –, wo man sich aufzuhalten hat, mit wem man reden darf.

Im Film *40 Quadratmeter Deutschland* von Tevfik Başer aus dem Jahr 1985 schließt der Mann seine Frau nicht nur ein; er weigert sich mit ihr auf die Straße zu gehen, als sie sich dazu auffallend herrichtet – eine türkische Geschichte, die im 19. Jahrhundert auch eine deutsche sein könnte. Zwar besitzt unter patriarchalischen Umständen der Mann dabei weitgehendere Rechte. Aber – und das wäre die ‚progressive' Seite von Kants Konzept – auch die Frauen können ähnliche Rechte gegenüber ihrem Ehemann beanspruchen, müssen sich von ihm nicht ‚in Eisen legen lassen', ohne auch ‚ihm Hörner aufsetzen' zu dürfen. In der Türkei war man in den neunzehnhundertsiebziger Jahren auf die niedrigste Scheidungsrate der Welt stolz, und zwar unter Bedingungen der Monogamie, die Kemal Atatürk eingeführt hatte.

Die „kompromisslose Domestizierung weiblichen Mutes"

Kurzfristig gab es während der Französischen Revolution Bestrebungen, die Frauen den Männern in gewisser Hinsicht gleichzustellen, sollten die Menschenrechte auch für Frauen gelten. So formuliert Olympe de Gouges eine Menschenrechtserklärung, die sich um die Rechte der Frauen dreht, in die sie das aktive und passive Wahlrecht wie den Zugang zu öffentlichen Ämtern mit aufnimmt. Das zielt aber nicht auf eine Befreiung des Eros, des Geschlechts, vielmehr stützen sich solche Bemühungen auf die Tugend, die man dem Sittenverfall und der Libertinage des *Ancien Régime* entgegensetzt. So schreibt George Steiner: „Ausbeutung und Trivialisierung des Eros, die die ökonomische Ungerechtigkeit und Lasterhaftigkeit der alten Ordnung charakterisieren, sollen ausgerottet werden."[1]

Doch auf diesen Anspruch reagieren die Revolutionäre mit fraternalistischem Chauvinismus: Weiber haben keine Vernunft, wie die Sklaven in der Antike nicht denken und somit nicht richtig sprechen konnten, sondern nur plappern oder der römische Plebs für den römischen Adel keine Sprache hatte, kann eine Masse nun mal nur schreien. De Gouges galt den Revolutionären jedenfalls als pervers und als naturwidrig. Man richtete sie 1793 als Royalistin hin und unterdrückte die Bewegung der Revolutionärinnen gewaltsam. 1793 wurden die politischen Clubs geschlossen. 1795 verbot man den Frauen die Teilnahme an politischen Versammlungen.

Ein solches Verständnis von monogamer Ehe und einem dementsprechenden Gebrauch der Geschlechtsorgane durchzieht das 19. Jahrhundert. Ein anderer Gebrauch der Lüste galt nicht nur als widernatürlich, sondern wider Recht und Gesetz, wider die Humanität. George Steiner weist darauf hin, dass man die *Antigone* des Sophokles, die aus dem Jahr 442 v.Chr. stammt, im nachrevolutionären Europa zwar fleißig aufführt, sie aber wohl kaum mit einem emanzipatorischen Sinn versieht. So schreibt er: „Die behutsame, aber kompromisslose Domestizierung weiblichen Mutes, weiblicher Initiative und weiblichen Scharfsinns, die im Mittelpunkt von Manzonis *I promessi sposi* steht, ist durchaus typisch. So besteht der Verdacht, dass der Lobpreis des Sophokleischen Heldin nach 1790 in gewissem Maße ein Ersatz für die Realität ist."[2] Der Roman, in den frühen achtzehnhundertvierziger Jahren veröffentlicht, symbolisiert, wie die Ehe zum einzigen Lebenssinn für Frauen und Männer avanciert,

---

[1] George Steiner, Die Antigonen – Geschichte und Gegenwart eines Mythos (1984), Schriften Band 4, Berlin 2014, 22
[2] Ebd., 23

ohne dass man darin die primäre Intention Alessandro Manzonis erblicken darf. Frauen werden jedenfalls im 19. Jahrhundert gnadenlos in die Mutterrolle gepresst, während die monogame Ehe den einzigen legalen Ort des Gebrauchs der sexueller Praktiken darstellt. Im Grunde geht es dabei auch nicht um die Lüste oder die Leidenschaft, sondern um die Zeugung und das Gebären, was primär Arbeit und Leiden produziert. Daher müssen sie sich primär an Moral und Tugenden orientieren und die Leidenschaften kontrollieren. Es versteht sich von selbst, dass Frauen sich daher nicht sexy stylen dürfen. Wegen Sexyness wollen sie nicht geheiratet werden und deswegen werden sie auch nicht geheiratet. Im Gegenteil werden solche Frauen in der bürgerlichen Gesellschaft des 19. Jahrhunderts verachtet. Man darf nicht auf diese Weise mit dem Sex kommunizieren, sondern ausschließlich mit der Mutterrolle.

So existierte im puritanischen Zeitalter ein seltsamer Optimismus über die Moralisierung der Welt. Ein methodistischer Bischof aus Amerika sagt seinen Hörern im Jahre 1870, „er sehe voraus," so Charles Taylor, „dass es in Amerika in nicht allzu ferner Zukunft ‚weder Ehebrecher noch fluchende Menschen geben werde, weder Verstöße gegen die Heiligung des Sonntags noch Undankbarkeit, Abtrünnigkeit, Rückfälligkeit oder Verleumdung. Hunderte von Heimen werden frei sein von Verschwendung, Streit, Herzeleid oder bittern Tränen.' (. . .) Dreißig Jahre später erklärte der Leiter des amerikanischen Ausschusses für Fremdenmission: ‚Das Christentum ist die Religion der dominanten Nationen dieser Erde. Es ist auch keine voreilige Prophezeiung, wenn man sagt, dass es zu gegebener Zeit die einzige Religion auf dieser Welt sein wird.'"[1]

---

[1] Charles Taylor, Ein säkulares Zeitalter (2007), Frankfurt/M. 2009, 1218

3. Kapitel
Sexualität und Sex heute

Offenbar ist dergleichen nicht eingetreten. Es gibt mehr Verschwendung und Ehebrecher denn je. Vor allem aber bemühen sich heute um Sexyness nicht nur Frauen aus der Unterschicht oder ausschließlich junge Frauen, im Gegenteil. Zwar hat Sexyness sicherlich primär mit etwas Äußerlichem, also Sichtbarem zu tun. So schreibt Eva Illouz: „Männlichkeit, Weiblichkeit und Sexyness können nur daran festgemacht werden, wie die diversen Bewegungen und Haltungen des Körpers zusammenspielen. Diese Eigenschaften lassen sich allein visuell identifizieren und nicht sprachlich prozessieren."[1] Just letzteres aber stimmt in doppelter Hinsicht nicht. Denn diese Äußerlichkeit ist einerseits selbst eine Sprache und zur Sexyness gehört andererseits genauso die Stimme, das Gesagte, wie die Bewegungen des Körpers. Der Zweck von Sexyness beschränkt sich dabei keinesfalls auf die Eheanbahnung. Frauen und manchmal Männer stylen sich sexy allemal nicht, um geheiratet zu werden. Ja, man darf sogar fragen, ob der Zweck primär in der Suche nach einer festen Beziehung liegt, auch nicht unbedingt oder wohl äußerst selten in der Anbahnung eines Gebrauchs der Lüste.

---

[1] Illouz, Warum liebe weh tut, 414

Die Differenz zwischen Sex und Fortpflanzung

Geändert hat sich dabei auch, dass sich seit Jahrzehnten eine öffentlich präsentierte Promiskuität verbreitet. Sartre und Beauvoir waren dazu Wegbereiter, obgleich deren Beziehung ja fast ein ganzes Leben lang hielt. Das Internet erleichtert dabei gehörig die Kontaktaufnahme bzw. die Suche nach Gleichgesinnten. Trotzdem findet der sexuelle Akt nicht im Internet statt. Im Internet präsentiert man sich und kommuniziert. Man stellt Bilder ins Netz, Selbstdarstellungen, wie man auch Profile gewünschter Partner anzeigt. Soweit es um die Kontaktaufnahme zum Zwecke des Sexes geht, vielleicht auch jenseits desselben, muss man sich sexuell attraktiv präsentieren, also sexy, muss man mit der Sexualität spielen, kommunizieren, auch im Internet.

Um Kinder geht es dabei auch nicht, oder höchstens manchmal am Rande. Jene Gruppe von Leuten – entweder säkular oder religiös moralisiert –, die in Kindern und Familie noch ein Lebensziel sehen, beispielsweise Norbert Bolz –, gehört eher selten zu jenen, die sich um Sexyness bemühen, die also mit Sexualität bewusst kommunizieren. Sie kommunizieren stattdessen antierotisch und wundern sich, sollten sie doch noch ein Begehren haben, wenn sie dabei keinen Erfolg haben. Sexualität und Fortpflanzungsfunktion treten daher allemal und schon lange auseinander.

Für Georges Bataille entzieht die Erotik den Menschen den sozialen Zwängen, zweckgerichtet und zukunftsorientiert zu handeln. Dabei trennt er die Erotik von der Fortpflanzung. Nicht dass man erstere nicht aus der letzteren heraus verstehen könnte! Doch der entscheidende Unterschied liegt darin, dass die Fortpflanzung nicht der Zweck der Erotik ist; denn diese besitzt keinen außer ihr selbst liegenden Zweck, womit sie sich dem gängigen zweckorientierten Handlungsmuster entzieht. Bataille sagt: „Ich glaube, dass der größte Teil der menschlichen Tätigkeit darin besteht, Dinge zu tun, die später nützlich sein werden, während die Erotik (ich spreche nicht vom Kinderzeugen, das trotz allem, nicht wesentlich ist) zu nichts führt. Sie ist reine Verschwendung, Verausgabung von Energie um ihrer selbst willen, ein Fieber, bei dem es nur um das unmittelbare und nicht um das spätere Ergebnis geht, wie in dem Falle, wo ein Arbeiter arbeitet." [1] Die Erotik bricht für Bataille noch mit den Sitten und den öffentlichen Formen der Kommunikation – was man auch bei de Beauvoir ähnlich findet. Dass indes die erotische Kommunikation, die Bataille noch für privat hielt, heute längst in der Öffentlichkeit angekommen ist, unterscheidet Teile der westlichen Welt von fundamentalistisch religiös orientierten Lebensformen.

Die Trennung von Zeugungsfunktion und Kommunikation lässt sich selbst noch im Tierreich beobachten. Höchstens kann man parallelisieren, dass sich eine Vogelart des bunten Gefieders bedient, um die Fortpflanzung zu beschleunigen oder zu lenken, wenn man denn der Art eine Intention unterstellen dürfte, dem einzelnen Vogel sicherlich nicht. Daher lässt sich selbst im Tierreich zwischen Fortpflanzung und Sexualität unterscheiden. Letztere konzentriert sich auf animierende Signale, auf die andere reagieren. Nur in einer evolutionären Interpretation hat eine solche Kommunikation einen Sinn in der Fortpflanzung. Aber das Individuum kümmert sich selbst nicht um den Bestand der Art und ahnt nichts von Evolution.

Findet im Tierreich die Fortpflanzung allemal hinter dem Rücken der Beteiligten statt, so treten im Menschenreich der Gebrauch der Geschlechtsorgane und die Fort-

---

[1] Bataille, Die Aufgaben des Geistes – Gespräche und Interviews 1948-1961, Berlin 2012, 124

pflanzungsfunktion längst auseinander. Dass das offiziell anerkannt wurde, ist allerdings noch nicht so lange her. „1974" – so Kaufmann – „nahm die WHO zur Kenntnis, dass Sexualität zur Fortpflanzung und das Luststreben zwei verschiedene Dinge sind. Sie erkannte die Legitimität und Bedeutung der Lust als Quelle des Wohlbefindens und sogar der Gesundheit an. Die Forderung nach dem Orgasmus stand nun in den politischen Gleichungen."[1]

Man könnte wieder mal bemerken, dass der institutionalisierte Weltgeist dem Bewusstsein der einzelnen Menschen wie eigentlich immer gehörig hinterherhinkt. Denn nicht nur de Beauvoir und Sartre wussten das schon lange vorher, auch die Damen und Herren aus Baron d'Holbachs Salon in Paris um 1770 und nicht zuletzt der Marquis de Sade. Dann hat Sexualität im Allgemeinen und der Sex als sexueller Akt im Besonderen nichts mehr mit der Fortpflanzungsfunktion zu tun, ist höchstens mit ihr parallelisierbar. Wie bemerkt doch Hans Blumenberg: „Dass sie <die Wissenschaft> Freiheiten verschafft, ist unbezweifelbar; ich erinnere an die einzige wirklich bedeutende Veränderung des menschlichen Verhaltens in unserem Jahrhundert durch die Kontrazeptiva."[2] Die relativ einfache Verhütung und die vergleichsweise sichere Abtreibung erlauben Sex, also den Gebrauch der Lüste bzw. der Geschlechtsorgane ohne Reue, genauer ohne weitreichende Folgen. Das verändert auch die Sexualität, das Geschlechtsverständnis, also Gender, d.h. wie man mit der Sexualität in der Öffentlichkeit umgehen kann.

---

[1] Kaufmann, Sex@mour, 102
[2] Hans Blumenberg, Beschreibung des Menschen. Aus dem Nachlass, Frankfurt/M. 2006, 479

Triebgeschehen als Urgrund der Realität

Dem lässt sich allerdings Sigmund Freuds These vom Primärprozess entgegenhalten: Sexualität ist ein Triebgeschehen, dass der Mensch nur mit großem Aufwand zu kontrollieren in der Lage ist, was gemeinhin neurotisierende Folgen nach sich zieht, die bei dem einen pathologisch, beim anderen erträglich sein mögen. Führt nicht die Präsenz solcher Themen in der Öffentlichkeit heute vor, dass die Macht des Triebes ungebrochen ist? Ist Sexualität nicht primär dieser Trieb, aus dem dann alles Weitere folgt, eben das Geschlechtsverständnis? Wobei dieser Trieb, der zum Gebrauch der Lüste antreibt, von der Fortpflanzungsfunktion sowohl technisch als auch psychologisch entkoppelt ist – letzteres sicher bereits seit Jahrhunderten.

Für Paul Ricœur lässt sich am Sexualtrieb sogar die elementare Verbindung von Sprache und Welt erkennen, die seit der Sprachphilosophie des 20. Jahrhunderts schließlich massiv in Frage steht: Jeder Satz verweist höchstens auf einen Sachverhalt, kann ihn aber niemals so wiedergeben, wie er ist. Im Schlaf dagegen träumt man von seinen sexuellen Wünschen, so dass der Traum unmittelbar den Sexualtrieb anzeigt, also etwas, was nicht Sprache ist, sich in Traumbildern zeigt. Die Sprache des Traumes erscheint somit seinen Gegenständen näher, als die Sprache des wachen Bewusstseins, somit wahrer. Für Ricœur fällt dabei Zeichen und Bedeutung zusammen, ist der Traum der Ort, wo sich Sprache und Welt tangieren. Ricœur schreibt: „Es gibt einen Punkt, an dem das Problem der Kraft und das des Sinns zusammenfallen; dieser Punkt ist jener, wo der Trieb sich selbst bezeichnet, sich kundtut, sich in einer psychischen Repräsentanz zeigt, das heißt in etwas Psychischem, das ‚für' den Trieb ‚gilt'; alles, was ins Bewusste tritt, ist nur eine Umsetzung dieser psychischen Repräsentanz, dieses ursprünglichen ‚Geltens für'."[1]

Nach Ricœur verbindet sich die Sprache mit den Dingen zwar im Unbewussten der Traumsprache. Doch das vermag die Psychoanalyse zu entziffern. So begegnet man wissenschaftlich oder auch alltäglich der Realität und zwar in dem, wie sich der Sexualtrieb äußert. Sexualität präsentiert sich derart als eine bedrohliche Grundlage der Realität, ja als Fundament der Realität. Alles in der Welt lässt sich derart auf Sexualität zurückführen. Sie ist das letzte Motiv von Fahrraddieben genauso wie von Staatsmännern à la Napoleon.

Die Lust des Augenblicks und nicht der Ewigkeit

Aber was bleibt vom Trieb, wenn sein biologischer Kern gekappt ist – und sei es bloß durch Kontrazeptiva oder die Abtreibung? Der verdrängte Wunsch? Wenn doch nicht mehr so sicher ist, was da treibt? Wenn es doch andere Motive in der Welt geben sollte? Wenn man nicht alles auf Sexualität zurückführen kann? Könnte der letzte Grund nicht eher der Wille zur Macht der Individuen sein? Oder auch die Liebe? Dann wird der Sexualtrieb als Primärprozess doch fraglich. Denn das, was Ricœur als Zusammenfall von Trieb und Zeichen beschreibt, vermag nicht mehr zu sein als eine mystische Einheit, nach der man sich sehnt und die man im Zustand des Orgasmus zu erreichen scheint, also äußerst punktuell.

Wie beschreibt doch Adson von Melk in Ecos *Der Name der Rose* den Höhepunkt seines Liebeserlebnisses? „Allmählich stiegen dann andere Worte aus meinem Innern auf, Worte, die ich zu anderen Zeiten vernommen

---

[1] Paul Ricœur, Die Interpretation – Ein Versuch über Freud (1965), Frankfurt/M. 1974, 144

und die gewiss zu anderen Zwecken gesprochen waren, die mir jedoch wie durch ein Wunder im Einklang zu stehen schienen mit der Lust jenes Augenblicks, als wären sie konsubstantiell zu ihrem Ausdruck ersonnen. Worte, die sich in den tiefsten Zonen meiner Erinnerung festgesetzt hatten, stiegen herauf und sprangen mir auf die stummen Lippen, und ich vergaß, dass sie einst in der Schrift oder in den Büchern der Heiligen dazu gedient hatten, Wahrheiten und Empfindungen von ganz anderer Art auszudrücken. Aber gab es denn wirklich einen Unterschied zwischen dem hehren Entzücken, von welchem die Heiligen sprachen, und der heißen Lust, die meine erregte Seele in diesem Moment empfand?"[1]

Doch im Orgasmus gelangt man nicht in eine mystische Einheit mit der geliebten Person, wie es gerne jene behaupten, die die Sexualität von dem christlichen Ruch der Sünde befreien möchten. Im Gegenteil, man verliert das Bewusstsein seiner selbst und geht für einen kurzen Augenblick – aber auch nur für einen kurzen Augenblick – in der Welt der Lust auf. Dass darin sich die letzte und wahre Realität verbirgt, erscheint eher zweifelhaft, genauso wie eine gar mystische Einheit mit der anderen Person.

Oder hat Nietzsche Recht, wenn er propagiert: „'Doch alle Lust will Ewigkeit –,/'– will tiefe, tiefe Ewigkeit!'"[2] Doch damit hat er den Sinn der Lust nicht verstanden, die von der Unlust, also der Abwechslung und nicht der Dauer lebt. Die meiste Zeit seines Lebens befindet man sich in keinem orgastischen Zustand, der ja im anderen Fall dann auch gar nicht mehr orgastisch wäre, sondern Routine und Normalität. Die höchste Lust kann also nur in so seltenen wie kurzen Augenblicken liegen.

---

[1] Eco, Der Name der Rose, 315
[2] Friedrich Nietzsche, Also sprach Zarathustra (1882-84), KSA Bd. 4, München/Berlin/New York 1999, 404

Als man besonders Frauen das Reden über den Gebrauch der Lüste verbot, war die Psychoanalyse ein Ausweg. Zwischenzeitlich wird überall – privat oder öffentlich – über Sexualität gesprochen. Sicherlich sind für sehr viele Zeitgenossen Orgasmus und Sexualverkehr, also der Gebrauch der Lüste bzw. der Geschlechtsorgane sehr wichtig und eine faszinierende Angelegenheit. Aber viele müssen daran nicht permanent denken, folgen sie sicherlich auch anderen Interessen, wenn man der Welt nicht mehr schlicht den Sexualtrieb als letztes Motiv zu Grunde legt bzw. wenn Frauen sich einen anderen Lebenssinn suchen, als Kinder zu gebären. Gerade wenn sie erotisch kommunizieren, stellt das schwerlich einen Lebenssinn her, könnte eher im Sinn von Hannah Arendt einen Zweck an sich selbst haben, was für Männer gleichermaßen gilt.

So bleibt der Ricœursche Sinn des Traums, der den Trieb formuliert, spätestens seit den Kontrazeptiva leer, will eine christliche Dogmatik nicht umsonst die Lust mit einem kindlichen Sinn versehen. Nur hält dann die Todestriebhypothese von Freud und Jacques Lacan letztlich nicht, was sie verspricht. Am Grunde siedelt nicht die Gewalt des Ödipus, nicht die unbeherrschbare Lust, nicht Neigung zum Tode – höchstens einen Augenblick lang im Orgasmus, wiewohl das weitreichende Folgen haben kann. „Im Grunde herrscht" – so um 1300 Meister Eckhart – „das größte Schweigen."[1] Ergo weiß man nicht, was der letzte Grund sein soll, ob es so etwas überhaupt geben kann, ob man sich dergleichen nicht bloß halluziniert, so dass es nicht verwundert, dass Eckart von der Inquisition angeklagt wurde.

---

[1] Meister Eckhart, Deutsche Predigten und Schriften (1313-1323), Paderborn 1936, 33

Die Macht der Sexualität als erregende Symbolik

Aber führt uns nicht spätestens Stanley Kubricks Film *Full Metal Jacket* (USA, GB 1987) die todestriebartige Destruktivität der Sexualität vor? Der Film zeigt im ersten Teil die Ausbildung des US-Marine-Korps ziemlich authentisch (mit einem echten Ausbilder). In einer Szene marschieren die Marines im Schlafsaal in Unterhose und halten mit einem Arm das Gewehr und mit der anderen Hand fassen sie sich ans Genital und rufen: Ich liebe das Gewehr. Doch die selbst erzeugte Erregung führt gerade mal zu einem eingeschränkten Kontrollverlust, an dessen Stelle die Befehlsstruktur tritt. Damit schaltet man den Lebenstrieb aus, befolgt der Marine Befehle, selbst wenn sie in den eigenen Tod führen. So schreibt Michel Foucault: „es geht nicht um das Verstehen des Befehls, sondern um die Wahrnehmung des Signals und die alsbaldige Reaktion darauf entsprechend einem vorgegebenen Code. Die Körper befinden sich ein einer kleinen Welt von Signalen, denen jeweils eine einzige obligatorische Antwort zugeordnet ist: es handelt sich um eine Dressurtechnik, die despotisch die winzigste Vorstellung und das geringste Murmeln ausschließt'; der disziplinierte Soldat ‚beginnt zu gehorchen, was immer man befiehlt.'"[1] Die sexuelle Erregung soll einerseits die Selbstkontrolle schwächen, um die Bereitschaft zum Gehorsam zu befördern. Andererseits soll sie die Aggressivität des Soldaten steigern. Gleichgültig ob solche Rechnungen aufgehen, bis zu einer konkreten Selbstmordabsicht reicht dergleichen gemeinhin nicht, aber zu einer gesteigerten Opferbereitschaft, wie die Kriege seit der Einfüh-

---

[1] Foucault, Überwachen und Strafen – Die Geburt des Gefängnisses (1975), Frankfurt/M. 1977, 214

rung des Drills in die militärische Ausbildung vorführen, also seit dem ausgehenden 18. Jahrhundert.

Gehört zur Sexualität daher nicht doch der wechselseitige Gebrauch der Geschlechtsorgane, der Sex? Kubricks Film bedient sich dieses Prozesses nur am Rande bzw. nimmt daran teil, indem er eine bestimmte sexualisierte Symbolik benutzt. Doch es geht dabei nicht unmittelbar um den sexuellen Akt, zu dem vielleicht ein Porno den einen oder anderen Betrachter animieren mag, kaum aber *Full Metal Jacket*. Zudem findet der Gebrauch der Lüste höchstens äußerst selten in der Öffentlichkeit statt – derjenige bei Betrachtung eines Porno-Films oder einer Peepshow im Chambre séparée bleibt intim. Sexszenen im Film sind ja auch nicht die Realität, sondern Film – selbst wenn sie Akte abfilmen. Fotos mögen zwar intim sein, aber sie sind nichts als Fotos, etwas sehr Wichtiges, nämlich Kommunikation, Sexyness als Kommunikation.

Der Gebrauch der Geschlechtsorgane bleibt immer etwas anderes, auch etwas anderes als der gefilmte oder fotografierte. Nur für den Gebrauchenden selbst zieht der Gebrauch einen mystischen Effekt nach sich, einen Kontrollverlust und nachfolgend ein kurzes Schwinden des Selbstbewusstseins. Mag jene Szene aus *Full Metal Jacket* den einen oder anderen Betrachter anregen. Normalerweise hat das keine orgastischen Folgen, soll sie auch nicht haben. Sexuelle Symbole regen an oder erregen, mehr aber auch nicht. Derart lässt sich jedoch der Rezipient solcher Symbole leiten, weil dadurch dessen Selbstkontrolle bereits leicht geschwächt wird, lässt er sich leichter zum Kauf einer ganz asexuellen Angelegenheit verleiten.

Sexualität als öffentliche Kommunikation, Sex als private

Sexualität besitzt eine epistemologische, semiotische, eine narrative und eine audiovisuelle Struktur, wobei letztere auch noch zu unterscheiden wäre: die erotische Stimme in der Straßenbahn, die die Haltestelle „Paradiesstraße" ankündigt. Sexualität besitzt folglich eine Klang-, Zeichen und Bildstruktur, mit der gespielt wird, wie diese mit ihren Protagonisten spielt, indem sie die Aufmerksamkeit anderer auf sich zieht, so dass man die Aufmerksamkeit auf eine gewünschte Angelegenheit lenken kann. Wenn sich die Bankerin sexy stylt und womöglich auch noch so bewegt – wenn das Bankerinnen denn tun sollten – dann spielt sie mit Bild- und Zeichensystemen des Sexualitätsdiskurses bzw. der Sexualisierung als einem Prozess der Ausbreitung sexueller Symboliken im 20. Jahrhundert, genauso wie diese mit ihr spielt. Wie sagt doch Heidegger: „Die Sprache spricht."[1]

Dazu gehören aber auch Gerüche genauso wie Berührungen und natürlich der Geschmack. Sexuelle Kommunikation erweist sich nicht nur als erheblich umfassender als eine rationale, gar wissenschaftliche. Sie zielt auf Affekte, die sie auszulösen versucht und die sie dadurch in den Dienst der Kommunikation zu stellen trachtet. Der wechselseitige Gebrauch der Geschlechtsorgane lässt sich derart auch als Kommunikation bezeichnen, allerdings eine, bei der sich nur die mit den Lüsten Spielenden miteinander austauschen und der unabhängig von Sexyness, Schönheit bzw. dem öffentlichen Sexualitätsdiskurs, also dem Prozess der Sexualisierung funktioniert.

---

[1] Martin Heidegger, Unterwegs zur Sprache (1959), 7. Aufl. Pfullingen 1982, 13

So war Max Webers Ehe mit Marianne bereits modern pragmatisch. Während die Eheleute ja den wechselseitigen Gebrauch der Geschlechtsorgane lebenswährend vermieden, wird sein sexuelles Bedürfnis mit Beginn des zweiten Jahrzehnts des 20. Jahrhunderts verlagert. Mit der Pianistin „Mina Tobler", so Jürgen Kaube, „wird die Sexualität für Weber ästhetisch besänftigt, die Zartheit der Begierde vorgezogen. Sie verspricht keine Räusche, sondern ist einfach zur Stelle, um ihn zu lieben. (. . .) Vor allem aber: Max Weber muss ihr nichts beweisen, und sie erhebt, was entscheidend ist, keinen Anspruch, das ganze Leben mit ihm zu teilen. Die Gattin willigt ein."[1] Gleichgültig, ob diese Informationen stimmen, bleibt das, was sie sexuell miteinander tun, ihr Geheimnis.

Damit treten der Sex bzw. das Spiel der Lüste und die Sexualität auseinander, die selber zu einem Diskurs avanciert, der nicht nur mit Symbolen arbeitet, sondern auch mit Signalen, die beide gelegentlich Affekte auslösen, die manchmal, nicht immer zu einer Erregung führt, die sich nicht nur auf die Geschlechtsorgane auswirkt – um wieder an Kant anzuschließen. Dass diese mögliche, zumeist geheim bleibende Erregung zum Sexualitätsdiskurs gehört – nicht das Spiel der Lüste – das unterscheidet den sexuellen Diskurs vom ökonomischen. Allerdings soll es hier auch Überschneidungen geben: die attraktive Bankerin auf dem Werbeplakat einer Bank oder womöglich die so leibhaftige wie sexy Bankerin am Schalter – sollte es sie dort geben, war ich doch schon lange in keiner Bank mehr, nur noch am Automaten: also die Welt sexualisiert sich nicht überall, wiewohl das nicht generell für Automaten an sich gilt – man denke nur an Computerspiele.

---

[1] Kaube, Max Weber, 288

4. Kapitel
Der Widerstand gegen die kulturelle Unterdrückung der Sexualität

Wenn Sexualität durchaus im Sinn von Gender primär Kommunikation ist, wenn das biologische Geschlecht und das Spiel der Lüste sich davon differentiell abheben, bestätigt das nicht Sigmund Freuds These, dass die Sexualität kulturell notorisch unterdrückt wird, um Energien für kulturelle Leistungen freizusetzen? Selbst wenn man den Geschlechtstrieb nicht unbedingt als Primärprozess begreift, bleibt immer noch genügend Energie, Triebhaftes, das die Kultur derart umlenkt, dass Sexualität sich in Kommunikation transformiert, ein Prozess, der sich womöglich weiterhin beschleunigt. Dann ist Sexualität als Kommunikation – und Sexyness als deren aktuelle Repräsentation – gerade das Produkt einer bestimmten Kulturentwicklung, das diese ihrerseits intensiviert: der Prozess der Sexualisierung. War der Frühmensch stärker am „Gebrauch der Geschlechtseigenschaften" als an der Kommunikation mit erregender Symbolik interessiert, über die er womöglich auch noch gar nicht verfügte? Auch ohne ein religiöses Sündenbewusstsein muss man das nicht unbedingt bedauern.

Sexyness als Sexualität im Sinn von Gender

Zeigt sich das nicht an jenem Verhältnis von emanzipierten Paaren, das der konservative Kulturtheoretiker Norbert Bolz mit den Worten umschreibt: ‚double income, no sex'.[1] D.h. wenn beide arbeiten, dann spielen sie mit den Lüsten seltener, als wenn nur einer arbeitet und die Frau traditionell zuhause auf die Kinder aufpasst. Sie ist dann vielleicht weniger abgespannt. Vor allem aber richtet sie ihr Interesse nicht auf berufliche Dinge, die vom Spiel der Lüste stärker als Kinder ablenken, während Kinder womöglich eher langweilen und als Ablenkung dann nur der Sex bleibt. Aber mit dem doppelten Einkommen und dem mangelnden Lüstespiel dürfte sie zumeist attraktiver sein, während Hausfrauen mit Kindern aus der Mittelklasse Sexyness eher meiden, gehört diese ja auch nicht zum Sex. Allerdings scheint sich das teilweise auch zu ändern.

Nach Sigmund Freud unterdrückt eine disziplinierende Kulturentwicklung primär den Sexualtrieb und lenkt ihn dadurch auf andere, nämlich kulturelle Ziele ab. Dann bleibt dem Kulturmenschen nichts anderes, als sich in disziplinierte Arbeit zu schicken. Derart passt er sich dann bereitwillig dem politisch sozialen System ein. Nach Freud verdanken sich politische wie kulturelle Macht der Unterdrückung der Sexualität, die für ihn primär den Trieb darstellt, nicht die Kommunikation im Sinn von Sexyness.

Wenn die Sexualität aber aus den Fesseln der monogamen Ehe heraustritt, dann wird selbst für viele Frauen der Beruf wichtiger als ihre Rolle als Mutter. Dass Sexualität nur am Rande mit dem Lüstespiel zu tun hat, dass sie primär sozial über das Schicksal der Individuen be-

---

[1] Norbert Bolz, Die Helden der Familie, München 2006, 18

stimmt, das hat in einer die Sexualität hinterfragenden Form als erste Simone de Beauvoir in ihrem Hauptwerk *Das andere Geschlecht* 1949 formuliert, wenn sie schreibt: „Man kommt nicht als Frau zur Welt, man wird es. Keine biologische, psychische oder ökonomische Bestimmung legt die Gestalt fest, die der weibliche Mensch in der Gesellschaft annimmt. Die gesamte Zivilisation bringt dieses als weiblich qualifizierte Zwischenprodukt zwischen dem Mann und dem Kastraten hervor. Nur die Vermittlung anderer kann ein Individuum zum *Anderen* machen."[1]

Die Geschlechtsidentität, Gender, ist für de Beauvoir das Produkt sozialer Mächte. Gender aber bestimmt wesentlich die geschlechtliche Repräsentation, die heute dominant in Sexyness aufgeht – jedenfalls bei vielen. Das biologische Geschlecht stellt für de Beauvoir dagegen noch eine natürliche Anlage dar, die materiell vorliegt. Dabei geht es um die Fortpflanzung.

Gender verdankt sich für de Beauvoir indes gerade dieser kulturellen Situation, die die Frau in die Rolle der Hausfrau und Mutter drängt. Um 1900, so de Beauvoir, gab es für die Frau der französischen Bourgeoisie gerade mal drei Optionen, nämlich Ehefrau und Mutter, das Kloster oder die Existenz als alte Jungfer im Haus des Bruders, weil man sie nicht unter die Haube brachte. Die patriarchalische Gesellschaft verbannt die Frau ins Haus und beschäftigt sie mit rein reproduktiven Tätigkeiten, allemal keinen kreativen. In England wurden schreibende Frauen – so Virginia Woolf – immer angefeindet und als Hund auf Hinterbeinen beschimpft.

---

[1] Simone de Beauvoir, Das andere Geschlecht – Sitte und Sexus der Frau (1949), 5. Aufl. Reinbek 2005, 334

Sexualität zwischen Repression und Produktion

Wenn man die Prüderie des 19. Jahrhunderts zum Maßstab nimmt, dann unterstützt diese Sachlage Freuds Kulturtheorie. In der Psychoanalyse war Frauen der gehobenen Klassen etwas erlaubt, was ihnen ansonsten als unsittlich verwehrt war, nämlich über Sexualität zu reden. Und wenn im 20. Jahrhundert der Diskurs über Sexualität plötzlich ausufert, wenn sich Frauen plötzlich sexy stylen dürfen, ja müssen – und das weder mit Prostitution noch Vulgarität in Verbindung gebracht wird –, wenn sich die gesellschaftlichen Verhältnisse schier ausfernd sexualisieren, dann gibt es nicht wenige Feministinnen, die darin nichts anderes sehen als die fortgesetzte kulturelle Unterdrückung. Und dass es sich bei Sexyness um ein kulturelles Phänomen handelt, versteht sich von selbst, aber auch bei den biologischen Geschlechtseigenschaften. Denn, so Eva Illouz: „Für Männer ist die Sexualität zur wichtigsten Arena geworden, in der sie ihren Männlichkeitsstatus (Autorität, Autonomie und Solidarität unter Männern) ausüben können; für Frauen bleibt die Sexualität überwiegend Fortpflanzung und Ehe untergeordnet."[1]

So kritisiert Herbert Marcuse in den sechziger Jahren die sexuelle Liberalisierung jener Zeit als repressiv, letztlich unter dem Leistungsprinzip stehend. Eva Illouz sieht gerade Frauen als Opfer der deregulierten Sexualität, denen es zunehmend schwerer wird, ihre Kinderwünsche zu realisieren und die sich, um das überhaupt zu erreichen, den Männerwünschen anpassen müssen, sich nämlich sexy zu stylen: „Die heterosexuellen Frauen der Mittelschicht befinden sich daher in der merkwürdigen historischen Lage, so souverän über ihren Körper und ihre

---

[1] Illouz, Warum liebe weh tut, 194

Gefühle verfügen zu können wie nie zuvor und dennoch auf neue und noch nie da gewesene Weise von Männern dominiert zu werden.[1] Alle Liberalisierung, ob auf der privaten Ebene des Spiels der Lüste oder der öffentlichen, der sexuellen Kommunikation, erscheint vor diesem Hintergrund alles andere als befreiend, sondern als eine Fortsetzung von Freuds kultureller Repression der Sexualität.

Michel Foucault jedoch tritt der Repressionshypothese Sigmund Freuds entgegen und zwar im ersten Band seines umfänglichen Werkes *Sexualität und Wahrheit*, der den bezeichnenden Titel *Der Wille zum Wissen* trägt. Natürlich dementiert er nicht, dass es Verbote und Reglementierungen von sexuellen Aktivitäten im großen Stil bei der Erziehung und im gesellschaftlichen Leben gibt. Aber – so Foucault – es ging und geht dabei nicht allein um Unterdrückung durch gesellschaftliche Mächte.

Im 17. Jahrhundert begann man vielmehr möglichst viel über Sexualität wissen zu wollen. „Der Sex, das ist nicht nur eine Sache der Verurteilung," so Foucault, „das ist eine Sache der Verwaltung. Er ist Sache der öffentlichen Gewalt, er erfordert Verwaltungsprozeduren, er muss analytischen Diskursen anvertraut werden. Der Sex wird im 18. Jahrhundert zu einer Angelegenheit der ‚Polizei'. Allerdings im vollen und starken Sinne, den das Wort zu dieser Zeit besaß – nicht Unterdrückung der Unordnung, sondern verordnete Steigerung der kollektiven und individuellen Kräfte. (. .) Polizei des Sexes: das ist nicht das strikte Verbot, sondern die Notwendigkeit, den Sex durch nützliche und öffentlichen Diskurse zu regeln."[2]

---

[1] Ebd., 427
[2] Foucault, Der Wille zum Wissen – Sexualität und Wahrheit Bd. 1 (1976), Frankfurt/M. 1983, 36

Sexualität begreift Foucault daher nicht als eine biologische Eigenschaft des Menschen, die man als Trieb unterdrücken und ablenken kann. Vielmehr entsteht Sexualität überhaupt erst dadurch – das ist Foucaults überraschende These –, dass man Sexualität seit dem 17. Jahrhundert zum Gegenstand des Wissens macht und sie dabei als Heterosexualität bestimmt, die einen natürlichen Charakter besitzen soll, während alle anderen Formen unnatürlich sind und verboten werden.

Gab es dann vorher keine Sexualität? Nun, im mittelalterlichen Christentum erklärte man die Lust des Fleisches zur Sünde, selbst noch in der Ehe. Darüber spricht man am besten wenig, will man darüber auch nichts Genaues wissen. Man beichtete fleischliche Sünden in einer formelhaften Sprache, ohne auf Details einzugehen oder Wünsche zu verraten. Das Wissen um Sexualität war auch kein öffentliches Wissen, sondern ein eher geheimes der weisen Frauen und Hebammen.

Das änderte sich im 17. Jahrhundert aus verschiedenen Gründen. Einerseits hatten die religiösen Bürgerkriege die Bevölkerung so drastisch dezimiert, dass ein schnelles Bevölkerungswachstum vonnöten schien. Deswegen schaltete man die Hebammen weitgehend aus, verfügten sie schließlich über Wissen zur Verhütung von Schwangerschaften. Gleichzeitig galten sie dem aufsteigenden Stand der Ärzte als Konkurrenz. Mit der beginnenden Aufklärung und der Entstehung der neuzeitlichen Naturwissenschaften wächst dabei das Interesse am Menschen in vielerlei Richtungen: in biologischer, medizinischer, psychologischer, moralischer, pädagogischer und auch politischer Perspektive, entfaltet sich dabei ein Thema, das die Sexualität zu seinem Gegenstand erhebt.

Im 17. Jahrhundert hielt die katholische Kirche bei diesem Interesse zunächst noch mit, erließ sie neue Beichtregeln, die nach dem fragten, was man bis dahin nicht wissen wollte. Damit erhob auch sie die Forderung

„sich selbst oder einem anderen so oft als möglich alles zu sagen, was zum Spiel der Lüste, der zahllosen Gefühle und Gedanken gehört, die in irgendeiner Weise den Körper und die Seele mit dem Sex verbinden. (. .) Das 17. Jahrhundert erst hat daraus eine Regel für alle gemacht. (. .) Es ist ein Imperativ errichtet worden der fordert, nicht nur die gesetzwidrigen Handlungen zu beichten, sondern aus seinem Begehren, aus seinem gesamten Begehren einen Diskurs zu machen."[1] Doch als die Beichte in Sexgeschichten ausartete, nahm man diese Reform eilig zurück.

Die Erfindung der Heterosexualität als natürliche Sexualität

Trotzdem setzte sich die Sexualität als Thema durch. Auf völlig andere Weise als im Mittelalter spricht man über etwas, das es in dieser Form vorher nicht gab, was sich folglich dadurch als Sexualität erst konstituiert. „Es war der Augenblick, wo die sonderbarsten Lüste dazu aufgefordert wurden, einen wahren Diskurs über sich zu halten, der nicht mehr wie ehedem an den Diskurs von Sünde und vom Heil, vom Tod und von der Ewigkeit anzuschließen hatte, sondern an den Diskurs vom Körper und vom Leben – an den Diskurs der Wissenschaft."[2]

Der Diskurs über die Sexualität verdankt sich nicht nur den Reden, die man darüber schwingt. Dazu gehören vielmehr genauso die Instrumente, die der Naturforscher, der Anatom, der Gynäkologe benutzen, die Institutionen, in denen diese arbeiten, die Verwaltungen, die sich Praktiken zur Familienplanung und Bevölkerungsentwicklung ausdenken. Diskurse besitzen für Foucault also nicht nur

---

[1] Foucault, Der Wille zum Wissen, 31
[2] Ebd., 82

sprachliche, sondern durchaus auch praktische und institutionelle Seiten. Dabei reicht der Sexualitäts-Diskurs bis in Politik und Gesellschaft und von hier aus begegnet er der Ökonomie. „Es kommt nun auch zu jenen systematischen Feldzügen, die jenseits der traditionellen Mittel – moralische und religiöse Ermahnungen, fiskalische Maßnahmen – aus dem Sexualleben der Ehepartner ein ökonomisch und politisch abgestimmtes Verhalten zu machen versuchen. Gewisse Verankerungspunkte für die Rassismen des 19. und 20. Jahrhunderts haben hier ihren Ort."[1]

Sexualität organisiert sich als Macht durch bestimmte Zugriffe auf die Körper, durch die Produktion und Destruktion von Lüsten, durch Erzählungen und Berichte, beispielsweise Psychoanalysen, die noch die unbewusste Seite der Lust zu offenbaren scheinen. Medizin und Verwaltung produzieren ein Wissen um Sexualität, das sich dann in Gefängnis, Schule und Militär auch disziplinarisch ausnützen lässt. So schreibt Foucault: „Gehen wir ab von der Vorstellung, dass der Sex eine autonome Instanz ist, die dann an ihrer Berührungsfläche mit der Macht auch noch die vielfältigen Effekte der Sexualität hervorbringt. Der Sex ist das spekulativste, das idealste, das innerlichste Element in einem Sexualitätsdispositiv, das die Macht in ihren Zugriffen auf die Körper, ihre Materialität, ihre Kräfte, ihre Energien, ihre Empfindungen, ihre Lüste organisiert. (. . .) Mit der Schaffung dieses imaginären Elementes ‚Sex' hat das Sexualitätsdispositiv eines seiner wesentlichsten inneren Funktionsprinzipien zustande gebracht: das Begehren nach Sex: ihn zu haben, zu ihm Zugang zu haben, ihn zu entdecken, ihn zu befreien, ihn diskursiv zu artikulieren, seine Wahrheit zu for-

---

[1] Foucault, Der Wille zum Wissen, 39

mulieren. Das Sexualitätsdispositiv hat ‚den Sex' als begehrenswert konstituiert."[1]

Die biologische Sexualität als Heterosexualität ist ein Produkt der Macht, die sich dadurch in eine Bio-Macht transformiert. Sexualität ist also Wissen um Funktionen des Körpers, ein Wissen das es erst seit ca. 300 Jahren gibt. Trotzdem trennt Foucault damit die Sexualität als ein epistemologisches Konzept vom Gebrauch der Geschlechtsorgane bzw. vom Gebrauch der Lüste, wie es Foucault nennt. Die Bio-Macht greift mit der Sexualität als Epistemologie in dieses Spiel der Lüste ein.

Aber das ist keineswegs nur repressiv oder gar destruktiv. Wenn man die Beschränkungen der Ehe aufhebt, dann wächst die Bevölkerung – so die Kalkulation – war bis ins 19. Jahrhundert vielen Bevölkerungsgruppen verwehrt zu heiraten. Sie bekamen trotzdem Kinder, aber eben nicht so viele. Das Eheleben für arme Schichten steigert die Gebärfreudigkeit immens, was auch die reicheren Schichten im 19. Jahrhundert erfasste, findet heute in Palästina – und nicht nur dort – ein Krieg der Gebärmütter statt zwischen radikalen Juden und Palästinensern.

Die Sexualität als Wunsch und als Kompetenz

Die Macht als politisches und kulturelles Phänomen unterdrückt also weder den Sex noch die Lust, wie es sich Sigmund Freud vorstellt. Sie entfaltet sich vielmehr dadurch, dass sie Sex und Lust generiert. Daraus entsteht eine Lebensmacht, die den Sex in die Familie einordnet und in den Dienst der Bevölkerungsentwicklung nimmt. Auch Bereiche wie Pornographie und Prostitution oder der Medizin und Psychiatrie setzen ungeheure Geldsum-

---

[1] Ebd., 185

men um, so dass sich mit der Steigerung der Lust die Macht vergrößert. Denn, so Foucault „Lust und Macht heben sich nicht auf, noch wenden sie sich gegeneinander, sondern übergreifen einander, verfolgen und treiben sich an. Sie verketten sich vermöge komplexer und positiver Mechanismen von Aufreizung und Anreizung."[1]

Sexualität wird also nicht kulturell unterdrückt, sondern kulturell und sozial hergestellt. Zugleich beteiligen sich viele Zeitgenossen daran aktiv und passiv, sind sie diesem Prozess der Sexualisierung teilweise ausgeliefert – man kann auch wegschauen und weghören, sich bestimmte Filme nicht anschauen – oder sie beteiligen sich daran allein schon dadurch, dass sich nicht nur Frauen mit sexuellen Symbolen schmücken, sich sexy stylen. Das wirkt für manche repressiv – Eva Illouz – andere begreifen dergleichen durchaus als Chance.

Eine Frau – oder auch ein <vornehmlich> schwuler Mann – kommuniziert mit ihrer Sexyness und erregt dadurch Aufsehen, was sie sich wünscht. Insofern ist Sexualität nicht ausschließlich repressiv, sondern wird von vielen gewünscht – auch von jenen, die positiv darauf reagieren und sich vielleicht dabei sogar manipulieren lassen. Allerdings setzt eine solche Kritik wie jene von Illouz voraus, dass man zwischen eigenen und von außen eingegebenen Wünschen klar unterscheiden könnte, was jedenfalls sehr schwierig ist.

Die dazu nötige Sublimierung betreibt das Ich selbst, gerade weil Sexyness nicht mit dem sexuellen Akt einhergeht, wie es just religiöse Fundamentalisten wohl befürchten. Odysseus lässt sich ja freiwillig von den Gefährten vor der Vorbeifahrt an der Insel der Sirenen fesseln. Ja, er gibt den Befehl dazu. Gezwungen wäre er dazu nicht. Er will schon eine Form der sexuellen Kommunikation, die nur Sinn macht, wenn man sie genießen kann,

---

[1] Foucault, Der Wille zum Wissen, 64

nämlich den sexuell anregenden Song der Sirenen genießen, oder wenn man sich ihrer bedient, um damit bestimmte Zwecke zu verfolgen.

Derart erweist sich Sexualität als eine Sprache, die manche besser als andere beherrschen, wie andere Sprachen auch. Dass dabei Neid entsteht, braucht nicht zu verwundern. Diejenigen, die sich auf solche Kommunikationsformen nicht besonders gut verstehen, versuchen eine solche Kompetenz abzuwerten. Nietzsche diagnostiziert in *Zur Genealogie der Moral* eine Umwertung der Werte in den Jahrhunderten vor und nach Christi Geburt, bei der die Werte der Starken und Schönen von deren Feinden als böse qualifiziert werden, während sie gleichzeitig die Werte der Schwäche als gut propagieren. Nietzsche schreibt: „Und auch dann dauert es noch lange, bis dieser Instinkt in dem Maße Herr wird, dass die moralische Wertschätzung bei jenem Gegensatze geradezu hängen und stecken bleibt (wie dies zum Beispiel im gegenwärtigen Europa der Fall ist: heute herrscht das Vorurteil, welches 'moralisch', 'unegoistisch', 'désintéressé' als gleichwertige Begriffe nimmt, bereits mit der Gewalt einer 'fixen Idee' und Kopfkrankheit)." [1] Ähnliche oder umgekehrte Prozesse wiederholen sich immer wieder, auch heute in einer Zeit, in der sich die Sexualität langsam aus den Fesseln des Schweigens und der Verteufelung als Sünde befreit, bzw. sich solche Einschätzungen nur noch unter der Gruppe der besonders Frommen und von Volkstümlern oder Traditionalisten verbreiten.

---

[1] Nietzsche, Zur Genealogie der Moral (1887), KSA Bd. 5, 267

Die romantische Sexualisierung der Welt

Dieser Prozess beginnt keineswegs erst in der zweiten Hälfte des 20. Jahrhunderts. Dazu beigetragen hat nach Foucault das gesteigerte biopolitische Interesse seit dem 17. Jahrhundert, das allerdings mit disziplinierenden Maßnahmen einhergeht, eben die monogame Ehe zwar für alle Bevölkerungskreise zu öffnen, sie aber gleichzeitig als den einzigen Ort für den legalen Sex zu erklären. Bereits im 18. Jahrhundert beginnen sich gerade Kreise von Aufklärern dagegen zu wehren – man denke an Diderot, der sein Leben lang neben seiner Ehefrau eine Geliebte hatte – eine nicht unübliche Angelegenheit, sicher nicht nur in Frankreich. Sartre und de Beauvoir werden diese Lebensform dann zu einem öffentlichen Programm und Ereignis erheben.

Dazwischen liegen knapp 200 Jahre Auseinandersetzungen zwischen einem gezielt auf die Bevölkerungsvermehrung gerichteten, restriktiven Sexualitätsmodell und weitgehend individuellen Bemühungen, sich diesem sexual- und familienmoralischen Druck zu entziehen. George Steiner diagnostiziert eine solche Entwicklung vor allem in der Kunst und in der Literatur etwa seit 1800, bei der das Sexuelle eine zentrale Rolle spielt: „Vieles gerät da ins Spiel: die ‚Sexualisierung' sogar noch der Landschaft, in der das Wetter, die Jahreszeiten, ja die einzelnen Stunden des Tages zu symbolhaft erotischen Stimmungen umgedeutet sind. Nahezu zwanghaft ist hier versucht, das Geschlechtliche intimer, ja bis in die letzte Faser aller Erregbarkeit auszukosten, und im nämlichen Atem solche intimste Erfahrung einem lesenden Publikum zu vermitteln."[1] Das Spiel der Lüste mit der Tochter

---

[1] Steiner, In Blaubarts Burg – Anmerkungen zur Neudefinition der Kultur (1972), Schriften 3, Berlin 2014, 23

von Bergarbeitern, also die private sexuelle Kommunikation überträgt dementsprechend Heinrich Heine 1824 in seiner *Harzreise* in öffentliche poetische Form, die selbstredend mit einer verdeckten, sexuell indirekten esoterischen Symbolik arbeitet. So heißt es im Gedicht ‚Bergidylle':

> „Zitherklang und Zwergenlieder
> Tönen aus des Berges Spalt,
> Und es sprießt, wie'n toller Frühling,
> Draus hervor ein Blumenwald;
>
> Blumen, kühne Wunderblumen,
> Blätter, breit und fabelhaft,
> Duftig bunt und hastig regsam,
> Wie gedrängt von Leidenschaft.
>
> Rosen, wild wie rote Flammen,
> Sprühn aus dem Gewühl hervor;
> Lilien, wie kristallne Pfeiler,
> Schießen himmelhoch empor.
>
> Und die Sterne, groß wie Sonnen,
> Schaun herab mit Sehnsuchtglut;
> In der Lilien Riesenkelche
> Strömet ihre Strahlenflut."[1]

Für George Steiner ist denn auch das Verständnis von Sexualität 1972 – also nach der sexuellen Revolution der sechziger Jahre, von der er aber nicht so viel mitbekommen haben dürfte – noch immer spätromantisch geprägt, also von Rousseau und Heine, einerseits vom Rückgriff auf eine ursprüngliche Natur, die nicht abgelehnt wird

---

[1] Heinrich Heine, Harzreise (1824), Werke und Briefe Bd. 3, Berlin/Weimar 1980, 53

und andererseits vom Versuch, sich als einzelner den gesellschaftlichen Zwängen zu entziehen, was für Rousseau noch ein aussichtsloses Unterfangen war, an dem auch Heine scheitern würde.

Doch in gewissen Kreisen von Bohemiens, Künstlern und Intellektuellen – man denke an Georges Sand und Frédéric Chopin – versuchte man sich der rigiden Sexualmoral zu entziehen. In Stendhals Roman *Le Rouge et le Noir* will Mademoiselle de La Mole im besten Alter zwischen 16 und 20 nicht auf den Gebrauch der Lüste, auf den sexuellen Akt verzichten und lässt sich daraufhin mit Julien Sorel ein. Sie riskiert lieber Wahn und Verderben, als dass sie sich im grauen bürgerlichen Alltag langweilt. Zwischen Lord Byron und Wagners Liebestod-Motiv aus *Tristan und Isolde* kehrt das Thema der verbotenen Liebe, z.B. der Geschwisterinzest, im 19. Jahrhundert ständig wieder – so George Steiner.

Das nichteheliche Spiel der Lüste und das Jahr 1910

Nach Charles Taylor entwickelt sich im 19. Jahrhundert ein expressiver Individualismus, der eine Ethik der Authentizität propagiert, die in Nietzsches Philosophie gipfelt. Diese Haltung lehnt dabei vor allem auch die disziplinierte Massengesellschaft des Industriezeitalters ab.

So diagnostiziert denn auch Jürgen Kaube in seiner Weber-Biographie, dass Sexualität um die Jahrhundertwende in Kreisen von Akademikern keinesfalls tabu war, sondern geradezu zu einem Pflichtthema wurde. Der Medizinprofessor Otto Gross avanciert zur Leitfigur einer erotischen Bewegung, die den Sex aus den Fesseln der Monogamie befreien wollte. Zentrum dieser Lebensreformbewegung war die Naturheilanstalt Monte Verità bei Ascona am Lago Maggiore, wo man dem natürlichen

Leben genauso huldigte wie allen möglichen religiösen Fantasien oder revolutionären Träumen. „1906 taucht" Otto Gross – so Kaube – „im Weltdorf der Erforschung religiöser Virtuosen auf, schwängert <die spätere zweite Geliebte Max Webers> Else Jaffé – ‚Der kleine Peter entsteht', notiert sie dazu -, woraus aber keine tiefen Verstimmungen zu ihrer intimen Internatsfreundin Frieda Gross entstehen, die den Ansichten ihres Gatten, was Hemmschwellen anging, beipflichtete und selbst mehrere Nebenmänner hatte. (. . .) Gross hat darüber hinaus noch eine Affäre mit Else Jaffés Schwester, die (. . .) damals in England verheiratet war. (. . .) Edgar Jaffé jedenfalls weiß von allem, die Webers wenig später auch – in Heidelberg wäre es selbst zwischen weniger eng Vertrauten kein Geheimnis geblieben."[1]

Nichtehelicher Gebrauch der Lüste war in der erotischen Bewegung geradezu Programm. Liebe brauchte es dazu nicht. Heidelberg und München waren die Zentren einer antipreußischen und antiwilhelminischen Stimmung, die sich dabei auch der Übertretung der traditionellen Sexualmoral bediente. Das blieb nicht ohne Eindruck auf manche direkt oder indirekt davon Betroffenen wie die Webers, die auf einer protestantisch geprägten asketischen Sexualmoral des individuellen Verzichts und der Selbstbeherrschung insistierten. So beklagt sich Marianne Weber, dass sie durch ihre Freundin Else Jaffé „die Unbefangenheit zum Ethos"[2] verloren habe. In der Tat, 1912 fahren die Webers zusammen mit seiner Geliebten Nina Tobler drei Wochen in die Ferien. 1920 bemüht sich Marianne Weber nicht nur darum, der Beziehung zwischen ihrem Mann und Else Jaffé nicht im Wege zu stehen, sondern bemerkt dazu in einem Brief an diese, „sie hätte es sich nicht verzeihen können, ‚wenn ich Euch

---

[1] Kaube, Max Weber, 275
[2] Zit. bei ebd., 277

irgendeine Freude, die Euch wahrlich zukommt, verkümmern würde. Es war ja mein Stolz mir einbilden zu können, es sei bis jetzt nicht geschehen.'"[1]

Dabei bezeichnet Kaube das Jahr 1910 als den entscheidenden Einschnitt. Auch Charles Taylor zitiert 2007 in seinem Opus Magnum *Ein säkulares Zeitalter* Virginia Woolf mit den Worten: „Ungefähr im Dezember 1910 änderte sich die menschliche Natur.' Ein Parallelfall ist in den 1920er Jahren André Gides öffentliches Bekenntnis zu seiner Homosexualität – ein Schritt, zu dem ihn nicht nur sein Begehren, sondern auch seine Haltung in Bezug auf Moral und Integrität veranlassten. (. .) Aber erst in der Zeit nach dem Zweiten Weltkrieg beginnt diese Ethik der Authentizität die allgemeine Einstellung der Gesellschaft zu prägen. Es wird gang und gäbe, die ‚eigenen Angelegenheiten' selbst erledigen zu wollen."[2]

Als Karl Jaspers jedoch von Webers Liebschaften hört, ist er entsetzt, hat er Weber doch als besonders wahrhaftige Person geschätzt. Der Weber-Biograph Dirk Kaesler zitiert Jaspers mit den Worten: „Max Weber hat einen Verrat begangen, an Marianne, an sich selbst, an uns allen, die sein Bild sahen."[3] Doch das bleibt letztlich nur der Nachruf auf eine Epoche, die bereits 1910 endete.

---

[1] Zit. bei Kaube, Max Weber, 423
[2] Taylor, Ein säkulares Zeitalter, 792
[3] Dirk Kaesler, Max Weber – Preuße, Denker, Muttersohn, München 2014, 917

5. Kapitel
Sexyness und Schönheit

Freuds These, dass die Kultur auf einem verdrängten Sexualtrieb beruht, lässt sich natürlich durch gewisse Zusatzannahmen stützen. Er geht ja davon aus, dass der Naturmensch zu vollster Befriedung fähig ist und dass nach derselben sein Trieb und somit sein Interesse an Sexuellem für eine gewisse Zeit vollständig erlischt. Diverse verdrängte Sexualtriebstrebungen des Kulturmenschen verhindern dagegen dessen vollständige sexuelle Befriedigung. Daher könnte man folgern, dass diese Bemühungen um Erotik im 19. Jahrhundert geradezu Reflexe auf die massive Disziplinierung des Sexualtriebs sind. Aber just durch diese rigide Sexualmoral wuchs die Bevölkerung in jener Zeit dramatisch an. Es herrschte also durchaus ein gefährlicher Gebrauch der Geschlechtsorgane, weil dieser sozial und staatlich stark reglementiert war. Rare Gelegenheiten mussten genutzt werden, während es praktische keine Aufklärung über Verhütung gab. Die Bevölkerungsvermehrung braucht also nicht zu verwundern.

Die natürliche Schönheit

Vor allem gab es im 19. Jahrhundert noch keine besondere Betonung der Sexyness, also ein Styling, das explizit mit sexuellen Symbolen arbeitet, wie es intensiv seit dem Minirock der sechziger Jahre hochkochte, der heute Mitte des zweiten Jahrzehnts im pubertierenden Jahrhundert so stark schrumpft, dass vom ihm fast nichts übrig ist, sich also die repräsentierte Sexyness nochmals steigerte.

Selbstredend wird diese modische Praxis von einer sich immer weiter intensivierenden Sexualisierung in den Medien und längst nicht nur in der expliziten Werbung begleitet. Die Massenmedien animieren mit sexueller Symbolik, mit Sexyness jenseits jeglicher Pornographisierung. Konservative Kulturkritiker verwechseln indes immer wieder mal Sexualisierung und Pornographisierung oder können beide einfach nicht auseinander halten.

Sexyness als betonte körperliche Kommunikation mit sexueller Symbolik sollte man dabei von Schönheit und Erotik unterscheiden, selbstredend vom Spiel der Lüste, obwohl wie immer die Übergänge fließend sind. Schönheit wird seit Rousseau gerne als natürlich gepriesen, der die höfischen Umgangsformen wie deren Mode radikal ablehnt. Natürliche Schönheit findet sich selbst beim deutschen Mädel des BDM – einer Jugendorganisation der Nazis, im deutschen Heimatfilm der fünfziger Jahre, der den Nazi-Film bruchlos verlängerte. Marilyn Monroe machte daher diesem deutschen Film massive Konkurrenz. Sie war schön und bereits etwas sexy, was man in der jungen Bundesrepublik mit brauner antiamerikanischer Lufthoheit nur verstohlen goutierte, es jedenfalls nicht laut äußern durfte.

Traditionalistische Verteidiger der Familie erklären dann im Geist von Rousseau – der das ironischerweise anders meinte – nur die Jungen als schön, so Norbert Bolz: „Keine Political Correctness kann etwas daran ändern, dass wir nur die Jungen schön und sexy finden. Wer das nicht wahrhaben will, muss dann schon zu Plattheiten wie der Grundschulforderung greifen, dass man Menschen nicht nach ihrem Äußeren beurteilen solle."[1] So traditionalistisch religiös ist Bolz denn auch wieder nicht, dass er sich an der innerlichen Schönheit orientierte, dafür aber an einer Naturordnung, die angeblich auch

---

[1] Bolz, Die Helden der Familie, 82

die Gesellschaft dominiert: Frauen sind in der Jugend schön, um einen Mann für das Leben zu finden und um währenddessen durch viele Geburten hässlich zu werden, ein Schicksal, in das sich die Männer umso unterwürfiger schicken müssen und sich freiwillig Bierbäuche antrinken. Denn wie schreibt doch de Beauvoir: „Die Ehe ist auch für den Mann Unterjochung. In ihr gerät er in die Falle, die die Natur ihm stellt: weil er ein blühendes junges Mädchen geliebt hat, muss der Mann sein Leben lang eine dicke Matrone, eine vertrocknete Alte ernähren."[1]

Fundamentale Ökologen, nicht mehr ganz junge Feministinnen, radikale Linke möchten das besser machen und solchem Schicksal entgehen, indem sie sich jeder Schönheit, Erotik oder gar Sexyness verweigern. Sie lehnen der Reihe nach entweder die Moderne, das Patriarchat oder die Reichen und Schönen ab. Wenn religiöse Abtreibungsgegner auf einem Propagandaplakat eine Mutter vorführen, dann wird diese Person dezidiert asexy, unerotisch und selbstredend auch nicht schön gestylt, so knapp an einer vermeintlich natürlichen Hässlichkeit vorbei als einer angeblichen Grenze zur Natur. Es soll ja Mütterlichkeit und keine Schönheit, schon gar keine Sexyness propagiert werden. Das Christentum hatte allemal ein Problem mit der Schönheit, die von der Konzentration auf das Seelenheil ablenkt, das man leichter ungeschminkt, blass, bleich, unförmig und faltig erwerben kann.

---

[1] De Beauvoir, Das andere Geschlecht, 247

Der konstruktive Charakter von Schönheit, Erotik und Sexyness

Ob es so etwas wie natürlich Schönheit, vor allem natürliche Hässlichkeit gibt, will ich hier offen lassen. Aber ob Schönheit und Hässlichkeit, Erotik und lange Unterhosen, Sexyness und Wanderschuhe, Pornographie und Rucksack – das darin enthaltene ästhetisch normative Urteil bitte ich zu entschuldigen – zumindest lässt sich an all dem selber basteln, kann jeder das eine oder das andere betonen – was wiederum keineswegs von allen entsprechend goutiert werden muss, entweder ein bisschen mehr Porno oder etwas vom Rucksack. Aber sowohl Schönheit, Erotik als auch Sexyness besitzen zumindest eine konstruktive Komponente, wenn sie nicht überhaupt erst gemacht werden müssen und dann gar nicht altersabhängig sein können. Schließlich bergen alle drei diverse Möglichkeiten der Selbstpräsentation und Kommunikation, wiewohl zutiefst sozial und kulturell geprägt. Es versteht sich beinahe von selbst, dass das BDM-Mädel, blauäugig, mit blonden Zöpfen, geschlossener Bluse, knöchellangem weiten Rock, ungeschminkt und mit untertänigem Blick nicht von Natur aus so aussieht, sondern von der Nazi-Filmpolitik genau so in die Bergkulisse von Berchtesgaden hineingesetzt wird. Außerdem hat fast jeder ein anderes Verständnis von Natur, so dass selbst die Ökologie längst eine Variante von Ideologien oder zumindest eine Ästhetik wurde.

Natürlich gilt dasselbe auch von der Schönheit. Die moralische Aufklärungsliteratur und die biedermeierliche Poetik des 19. Jahrhundert verbinden Schönheit mit Jungfräulichkeit, Keuschheit und einer braven Seele: die gläubige, tugendhafte Jungfrau, auch wenn man sich diese Figur in manchen Kreisen der westlichen Welt kaum noch als schön vorzustellen vermag, die vielmehr die Flucht ergreifen oder den Pfarrer harmlos lachen lässt.

Auch Simone de Beauvoir hatte kein unbefangenes Verhältnis zur Schönheit. Sie fragt sich in den *Mandarins von Paris*, wie eine unemanzipierte Frau ihre Schönheit empfindet: „Mit besorgtem Ausdruck betrachtete sie sich im Spiegel. Was sah sie? Eine Frau zu sein, schön zu sein – wie fühlt man das in sich? Wie fühlt man dieses Streicheln der Seide auf den Schenkeln, wie die Liebkosung eines schimmernden Atlasgewebes auf der Wärme des Bauches?"[1]

Selbst wenn bei dieser Schönheit auch Erotik einmal mitschwang, so ist sie in der Ehe – so de Beauvoirs Kritik – längst verloren gegangen; denn in *Das andere Geschlecht* bemerkte sie zuvor: „Aber selbst wenn die Frau jung ist, liegt in der Ehe eine Irreführung, da sie mit der Absicht, die Erotik zu sozialisieren, nur erreicht hat, diese zu töten. Zur Erotik gehört nämlich ein Anspruch des Augenblicks gegen die Zeit, des Individuums gegen die Gemeinschaft. (. .) Der Zweck der Ehe ist nämlich in gewisser Weise, den Mann gegen seine Frau zu immunisieren, die anderen Frauen aber behalten für ihn ihre schwindelerregende Anziehungskraft: nach ihnen wird er sich umdrehen."[2] So gerät jene Frau, die allein mit ihrer Schönheit ihren Ehemann an sich binden möchte, in eine aussichtslose Lage. In den *Mandarins* heißt es: „Es ist nicht einfach, die Gefühle einer Frau zu ermessen, die ihren Körper verschwendet und nichts anderes zu geben hat."[3] Sowenig wie mit Schönheit hat de Beauvoir mit Sexyness kommuniziert. Aber das alleine reicht im Zeitalter der Emanzipation nicht mehr, gehört aber längst auch zur Emanzipation.

---

[1] De Beauvoir, Die Mandarins von Paris, 269
[2] Dies, Das andere Geschlecht, 247
[3] Dies, Die Mandarins von Paris, 275

Gegen diese patriarchalische Ordnung lehnen manche sich schon am Anfang des 19. Jahrhunderts auf, manchmal wahrscheinlich einfach unbewusst, weil sie sich benachteiligt fühlen und es objektiv auch sind. Rahel Varnhagen führt bis 1806 einen Salon, in dem man über ethnische genauso wie über Standesgrenzen hinweg eine andere Lebensform erprobte, zu der auch ein anderer Umgang mit Sexualität gehörte. Rahel Varnhagen aber fühlt sich nicht nur als Jüdin immer als Außenseiterin. Hannah Arendt schreibt über sie: „In einer Frau schafft Schönheit die Distanz, aus der her sie urteilen und wählen kann. Keine Klugheit und keine Erfahrungen können den Mangel solch natürlich gegebenen Raumes für die Urteilskraft aufholen. Also nicht reich, nicht gebildet und nicht schön! Also eigentlich ohne Waffen, den großen Kampf um Anerkanntsein in der Gesellschaft, um soziale Existenz, um ein Stückchen Glück, um Sicherheit und bürgerliche Situation zu unternehmen."[1] Arendt vertritt hier beinahe noch einen traditionellen Schönheitsbegriff, aber mit einem Schuss Realismus versehen: Schönheit kann der Durchsetzung der eigenen Interessen nützen. An Verführung, gar an so etwas wie Sexyness denkt sie offenbar nicht.

Aber wenn Rahel Varnhagen auf eine solche Ressource der Schönheit nicht zurückgreifen kann, vielleicht eröffnet ihr der Salon eine andere Chance. Doch mehrere auch langjährige Liebesbeziehungen mit Mitgliedern des Hochadels scheiterten, was aber an ihrer ethnischen Herkunft lag, offenbar nicht an mangelnder Schönheit. Vielleicht darf man an dieser Stelle daher mutmaßen, dass sie zu einer erotischen Kommunikation, also zu Sexyness fähig war, mit der sie ihre Männer angelte, zuletzt den wesentlich jüngeren Karl August Varnhagen von Ense,

---

[1] Hannah Arendt, Rahel Varnhagen – Lebensgeschichte einer deutschen Jüdin aus der Romantik (1958), 12. Aufl. München 2003, 19

der sie endlich heiratete. Eine erotische Frau muss nicht schön sein, Sexyness genauso wenig, und eine schöne Frau weder sexy noch erotisch. Dasselbe wird auch für Männer gelten. Dass ihr die Ehe nicht das erhoffte Glück brachte, das verwundert vor dem Hintergrund von de Beauvoirs Bemerkungen wenig, wiewohl sie selbst dafür wohl eher den seit 1806 grassierenden Antisemitismus in Preußen verantwortlich macht, der dazu denn auch sicherlich sein größeres Scherflein dazu beitrug als ihre subjektiv mangelnde Schönheit.

Schönheit und der sexuelle Akt

Damit gehört Rahel Varnhagen mit ihrem Salon zu jenen Randgruppen des 19. Jahrhunderts, die anfangen, sich gegen ein Ideal der Jungfräulichkeit, der rigiden sexuellen Disziplinierung wie gegen eine keusche Schönheit ohne Erotik zu wehren: Rahel Varnhagen musste eine Freundin aus dem preußischen Hochadel nach Paris begleiten, wo sich wie später in Holland gewisse Probleme leichter lösen ließen als in Berlin. Stattdessen stellen diese sexuellen Außenseiter explizit eine Verbindung zwischen Schönheit und Erotik her. „'Sie werden doch nicht behaupten, dass in der Erotik irgendein ‚Wert' verkörpert sei?' – ‚Aber sicher!' – ‚Welcher denn?' – ‚Schönheit!' Dieser Wortwechsel zwischen Max Weber und Else Jaffé" – so Jürgen Kaube – „soll sich 1908 bei einem Spaziergang in Heidelberg zugetragen haben. Weber sei erstaunt verstummt. Für Weber zeichnet sich allmählich ab, (...): dass es Menschen gibt, die ihr Handeln ganz an einem einzigen Wertgesichtspunkt ausrichten, ganz einem ‚Dämon' dienen. Und dass es auch Menschen gibt, die versuchen, ganz für die Schönheit zu leben."[1] Für Weber wird

---

[1] Kaube, Max Weber, 286

das ja überraschend gewesen sein, was wiederum nicht überraschen sollte.

Letztlich hat sich diese Entwicklung seit gut 100 Jahren angedeutet. Entscheidend hierbei ist die Umwertung von ethischen Werten, die jetzt ob ihrer ästhetischen Struktur einen ethischen Wert erhalten: Erotische Schönheit – später Sexyness – ist moralisch bzw. ethisch gut, konkurriert mit Liebe und Treue ohne Sexyness, ja in manchen Kreisen überholen sie diese traditionellen Werte, die wie die Familie an ethischer Bedeutung und somit an Orientierungskraft verlieren. Im 18. Jahrhundert hatten die Ästhetik bzw. die Kunst, also das Kunstschöne, der Moralisierung der Gesellschaft zu dienen. Wenn sich etwa seit 1910 – als sich ja nach Virgnina Woolf die menschliche Natur änderte – die Gesellschaft ästhetisiert, genauer erotisiert bzw. seither sexualisiert, dann ist das gerade kein Prozess des Zerfalls ethischer Werte wie Bolz, Eva Herman, Notker Wolf beklagen, sondern schlicht deren Transformation, der Wertewandel, der bezogen auf die überwundenen Werte als Wertezerfall erscheinen mag. Nur dass an deren Stelle nun mal neue treten. Denn diese neuen Werte lassen sich als ethisch erfreulich und moralisch gut verstehen, weil beispielsweise dadurch die disziplinierte Sinnlichkeit und Gefühlswelt befreit wird, diese sich nicht mehr dem Dienst an der Religion, am Vaterland, gar an einem erfundenen Volk orientieren oder sich einer angeblichen Menschlichkeit unterordnen müssen.

Ein knappes Jahrzehnt später erlebt die Literatin Isak Dinesen (Tania Blixen) ihre Schönheit als erotische Anziehungskraft für ihre große Liebe, den Abenteurer Denys Finsch-Hatton, über den Hannah Arendt schreibt: „In jedem Falle wollten sie ‚Ausgestoßene' sein, ‚Deserteure', sicherlich eher bereit, ‚für ihre Halsstarrigkeit zu bezahlen' als sich niederzulassen und eine Familie zu gründen. Wie auch immer, Denys Finsch-Hatton kam und ging, wie es ihm beliebte, und offensichtlich lag ihm nichts ferner als der Gedanke, sich durch eine Ehe zu binden. (..) Gewiss war sie ebenso begierig zu unterhalten wie Scheherazade, sicherlich wusste sie ebenso gut, dass es ihr Tod sein würde, gelänge es ihr nicht mehr zu gefallen."[1] Dinesen weiß, dass Häuslichkeit und Mütterlichkeit für ihren Liebhaber keine Anziehungskraft besitzen, dass allein ihre Erotik und ihre Schönheit zählen. Wenn Kochkünste der Versorgung dienen, dann gehören sie zur Häuslichkeit. Wenn man sich dagegen darum bemüht, das Essen in ein Aphrodisiakum zu transformieren, dann erotisieren bzw. sexualisieren sie die Begegnung, die andernfalls vor den Fernseher führt, gleichgültig ob ‚Wetten dass' oder auf Arte der Anti-Kriegsfilm *Die Nacht von San Lorenzo* der Gebrüder Taviani (Italien 1982) läuft.

Solche Erotisierung lässt sich natürlich unter männliche Attitüden im Patriarchat subsumieren. Aber das passiert schon in einer Zeit, in der diese Strukturen beginnen sich aufzuweichen. Vor allem zeigt sich eines, dass die Schönheit allein an Faszinationskraft verliert, eine Schönheit, die man noch mit steriler Jungfräulichkeit verbinden kann, die weder einen erotischen Zug besitzt, noch anderweitig sexuell zu überraschen vermag. Ob Rahel Varnhagen, Else Jaffé oder Isak Dinesen, sie verbinden mit Schönheit nicht nur eine Erotik als öffentliche Kommunikation, sondern als intime, deren Zweck letztlich der sexuelle Akt bzw. das Spiel der Lüste ist.

Als die Disziplinarmacht noch übermächtig war, ging es wirklich noch um den wechselseitigen Gebrauch der Geschlechtsorgane, und letztlich erfüllte man damit auch den Auftrag der Disziplinarmacht, nämlich Kinder in die Welt zu setzen, Else Jaffé gleich vier. Allerdings wehrten sich manche gegen den ‚lebenswierigen wechselseitigen

---

[1] Arendt, „Isak Dinesen"; in: dies., Menschen in finsteren Zeiten (1968), 2. Aufl. München 1989, 120

Gebrauch der Geschlechtseigenschaften' wie bei Kant, um sich gegenseitig zu besitzen, also zu beherrschen. Man erkannte und kommunizierte noch mit dem Körper selbst wie bei de Sade oder de Beauvoir, also mit dem Fühlen, Riechen und Schmecken, nicht allein mit dem Sehen und Hören. Es wurde primär intim mit den Geschlechtsorganen selbst kommuniziert, wiewohl man das teilweise schon öffentlich propagierte. Als eine der vielen Geliebten von Sartre die Vorhänge schließt, erklärt ihr Sartre, dass sie eigentlich die Fenster weit öffnen müssten: Sogar das Spiel der Lüste als eine öffentliche Kommunikation, nichts anderes als Sexyness

Der Wertewandel: Glorifizierung der Unmoral

Für Georges Batailles, einen Vertreter der ersten Hälfte des 20. Jahrhunderts, der die Sexpolitik der Achtundsechziger nicht mehr erlebte, ist zur Erotik Schönheit vonnöten, kann man – so Bataille – nämlich Hässlichkeit nicht beschmutzen. Sexualität ist noch irgendwie schmutzig, verrucht, aber Leute wie Bataille bekennen sich zum Verruchten, nehmen die damit verbundene Beschmutzung an: ja, je größer die Schönheit, umso größer die Beschmutzung, umso intensiver das Spiel der Lüste. Je moralisch verderbter umso intensiver ist das erotische Erlebnis, wenn jedes moralische Gebot missachtet und jedes Verbot überschritten wird. „Der Liebende löst die geliebte Frau nicht weniger auf, als der blutige Opferpriester den Menschen oder das Tier, das er schlachtet. Die Frau ist in den Händen dessen, der sie überfällt, ihres Wesens beraubt. Mit dem Schamgefühl verliert sie jene sichere Schranke, die sie von den anderen trennte, die sie undurchdringlich machte: Plötzlich öffnet sie sich der Gewaltsamkeit des sexuellen Spieles, das in den Fortpflanzungsorganen entfesselt wird, öffnet sie sich der unpersönlichen Gewaltsamkeit, die sie von außen überströmt."[1] Ja, Bataille geht sogar noch davon aus, dass die Hässlichkeit des Sexualaktes jedermann einsichtig sei.

So wird in der Erotik das eigene Sein wie das Sein überhaupt in Frage gestellt. Just darin liegt die Faszination der Erotik, beruht darauf ihre Verführungskraft, den Menschen zu verwandeln, ihn zu verkörperlichen, ihn vom religiösen Seelentheater zu befreien – aber das nicht faschistisch im Dienste eines Volkes, sondern seiner selbst und das nicht kontrolliert, wie Foucault es empfiehlt, sondern exzessiv: „Man erreicht das Extrem in der Fülle seiner Mittel: es verlangt erfüllte Menschen, die keine Kühnheit außer Acht lassen. Mein Prinzip gegen die Askese ist, dass das Extrem im Exzess zugänglich ist, nicht im Manko."[2]

Die Unterdrückung erfasst dabei noch jene, die sich gegen sie wehren wollen, um die Menschen von religiöser Bevormundung und völkischer Knechtung zu befreien – für Bataille durchaus eine ehrenwerte Anstrengung. Denn das überschreitet die herrschende Sittlichkeit, und zwar sowohl im Hinblick auf Verruchtheit, als auch erotisch, setzt sich Bataille selbst zur Wehr und kündigt die Umwertung aller Werte an: „Nichts als Armut in Sachen des Denkens und der Moral, wenn die Nacktheit eines hübschen Mädchens, das trunken ist, ein männliches Glied in sich zu haben, nicht glorifiziert wird. Sich von ihrer Glorie abwenden heißt die Augen von der Sonne abwenden. (. .) Es spielt weder eine Rolle, dass das Mädchen schön sein muss, noch dass ihr Betragen ihren Ruin herbei-

---

[1] Bataille, Der heilige Eros, 86
[2] Ders., Die innere Erfahrung – Methode der Meditation – Postskriptum. Atheologische Summe I (1943), München 1999, 38

führt."¹ Es geht um die Lust als ethischem Wert, und zwar ohne Reue, ohne die Qual von Familie und Kindern.

Solch eine beinahe revolutionäre Rolle hatte die Erotik bei den Achtundsechzigern. Doch bei Bataille bleiben die Rollen offenbar noch traditionell verteilt und jener Jugendrebellion wurde das ja auch immer wieder vorgehalten. Die Frau macht sich selbst ob ihres Hangs zur Schönheit oder bei der Enthüllung auch jenseits der Prostitution zum Objekt der männlichen Begierde, wenn sie sich nicht in die Keuschheit flüchtet. Und nur gemäß ihrer Attraktivität vermag sie die Aufmerksamkeit der Männer auf sich zu ziehen.

Das war noch ein Problem in den sechziger Jahren und selbstredend für die zweite Frauenbewegung seit den Siebzigern. Doch seit dem Postfeminismus begreifen viele Frauen Sexyness als kommunikative Chance zum Geschäft wie zum Spiel, haben sie sich längst von religiösen oder völkischen Vorurteilen befreit und bekommen nur noch Kinder, wenn sie es selbst wollen. Wie bemerkt doch Blumenberg: „Aber zu sagen ist, dass der Kult des entblößten Körpers nicht in der Abdrift der Barbarei liegt. Es ist darin ein unverkennbares Moment der Wiederentdeckung des Instrumentellen in der Verhüllung. Nur wenn man dies im Blick behält, wird der anthropologische Komplex der Visibilität erfassbar, der Gesehenwerdenkönnen, Sichsehenlassen und Sichdarstellen umschließt."²

---

[1] Bataille, Die Freundschaft und Das Halleluja – Atheologische Summe II (1944), München 2002, 89
[2] Blumenberg, Beschreibung des Menschen, 779

Sexyness als Kommunikation in der Öffentlichkeit

Einen immer breiteren Raum nimmt heute die Sexualität als Sexyness, als Kommunikation mit sexuellen Symbolen in der Öffentlichkeit ein, was wesentlich auch mit Entblößung zu tun hat, die gleichfalls einen semiotischen Charakter mit emotionaler und triebhafter Animation entfaltet. Für die Privatsphäre ist dagegen Ähnliches keineswegs gesagt, hat Entblößung im Privaten zumeist keinerlei animativen Effekt. Sexyness präsentieren dabei primär Frauen in der Öffentlichkeit. Überall in den Medien, aber natürlich überall im Beruf finden sich nicht nur die Bilder – bewegte und unbewegte – mit sich sexy gebenden Frauen, sondern Frauen, die sich sexy stylen. Mediale wie individuelle Sexyness zieht öffentlich die Aufmerksamkeit auf sich und nicht selten eine verborgene, keineswegs geheime Erregung nach sich. Sexyness kommuniziert indes längst nicht nur auf der emotionalen, sondern auch auf der rationalen Ebene, ist es in der freizügigen westlichen Welt schlicht rational, mit Sexyness zu kommunizieren, die längst wichtiger wurde als der Gebrauch der Lüste.

Sexyness stellt dabei eine aktive Form der Verführung dar, also die höchste Form der Rationalität. Schönheit, die sich im 19. Jahrhundert allemal, im 20. Jahrhundert immer noch von Sexyness unterscheidet, verführt eher passiv, Sexyness dagegen aktiv. Doch das Ziel solcher verführerischer Kommunikation ist in den allerseltensten Fällen wirklich das Lüstespiel, dorthin wohin die Erotik um 1900 noch unbedingt wollte, weil es entweder verrucht oder gar verboten war, ob Else Jaffé oder Georges Bataille. Zumeist wollen Medien und Individuen vom Verführten etwas ganz anderes – das Spiel der Lüste ist ja längst kein Problem mehr und jederzeit und überall machbar. Daher gilt für Sexyness wahrscheinlich das Verdikt Baudrillards: „Der Kontakt um des Kontaktes willen wird gewissermaßen zur leeren Selbstverführung der Sprache, da es nicht mehr zu sagen gibt. Diese ist unserer Kultur eigen."[1]

Natürlich darf man darüber streiten, ob diese instrumentelle Einsetzbarkeit von Sexyness als Kommunikation in der Öffentlichkeit für die Individuen, also primär für Frauen, manchmal auch für Männer eine bloße Illusion ist. Vielleicht verfestigt sie sich heute auch zu einem Zwang. Aber Kommunikation erfüllt nur ihren Zweck, wenn sie den anderen Menschen auch erreicht, was ihr nur gelingt, wenn sie sich an ihm orientiert. Allerdings allzu umfassend erscheint dieser Zwang zur Sexyness als Kommunikation nicht, gibt es viele Frauen und besonders viele Männer, die selbst eine solche Kommunikation nicht pflegen. Jedenfalls lässt sich beobachten, dass daraus trotzdem eine relativ weit verbreitete kommunikative Praxis wurde, längst nicht mehr nur die Praxis einer kleinen alternativen Gruppe, die sich um 1900 der Erotik viel akt- oder lüsteorientierter bediente.

Trotzdem erscheint fraglich, ob Charles Taylor diese Entwicklung noch angemessen beschreibt: „Die Ethik der Authentizität ist zwar in der Romantik entstanden, aber die Volkskultur hat sie erst in den letzten Jahrzehnten durchdrungen, also in der Periode seit dem Zweiten Weltkrieg, wenn nicht noch später."[2] Sexyness sieht nicht besonders authentisch aus, wiewohl das trügen könnte. Doch befreit wird durch sie kein tiefer innerer Kern. Vielmehr eröffnen sich durch sie äußere Spielräume, in denen man allerdings mitspielen muss, wenn man sie betritt: Wer seinen Erfolg absichern möchte, der style

---

[1] Baudrillard, Von der Verführung, 229
[2] Taylor, Ein säkulares Zeitalter, 508

sich sexy. Um einen wahren inneren Kern geht es dabei nicht, reden nur noch wenige von Authentizität.

Aber einen wahren inneren Kern anzunehmen, war sicherlich lange Zeit im 19. und 20. Jahrhundert nötig, um sich gegen die übermächtigen Ansprüche des Staates zu wehren. Georg Simmel wird Anfang des 20. Jahrhunderts noch davon ausgehen, dass sich das Individuum letztlich immer vergeblich gegen die kulturellen und staatlichen Mächte aufzulehnen versucht – eine Beschreibung, die auf jene Zeitgenossen zwischen Rahel Varnhagen, Else Jaffé und Isak Dinesen zuzutreffen scheint. Der kulturelle Druck, die staatlichen Vorgaben und Zwänge, die starke Gewohnheit von Traditionen – an all dem versuchen einige Individuen zu rütteln und wenn sie dergleichen nicht in jungen Jahren bereits wieder aufgeben, werden sie bei fortgeschrittenem Alter den eigenen Abweg als ihrerseits gewohnt und gar nicht mehr so vorteilhaft erleben und sich fragen, warum sie sich eigentlich auflehnten.

Diese anscheinend fatale Sachlage beginnt sich in der zweiten Hälfte des 20. Jahrhunderts zu ändern, letztlich auch dadurch, weil ähnliche Bemühungen ungleich erfolgreicher werden, so dass sich beinahe der umgekehrte Effekt einstellt. „Das Individuum, so scheint es, siegt über kurz oder lang über die Gemeinschaft – auch, weil die große Bewegung im Alltag oft nur schwer Platz findet" – so Charlotte Theile über das Buch *Tussikratie* von Theresa Bäuerlein und Friederike Knüpling, die darin mit dem Feminismus abrechnen.[1]

Was für die feministische Bewegung gilt, betrifft auch viele andere politische und soziale Bewegungen vor und nach der Jahrtausendwende: Die Individuen gehen irgendwann erfolgreich eigene Wege und bedienen sich

---

[1] Charlotte Theile, Es reicht! Oder doch nicht? in: Süddeutsche Zeitung, Nr. 91, 19.-21.4.2014, 13

dazu der ihnen zuvor angebotenen Verhaltensweisen, z.B. der Sexyness. Heute ist gar nicht mehr so klar und selbstverständlich, was überhaupt noch sozialer Mainstream sein soll. Elterliche Generationen in ihrer Spießbürgerlichkeit erscheinen am Ende gerade nicht mehr als erfolgreich, sondern allemal als abschreckend, wenn nicht gar gescheitert – stößt man unzufällig bei Bolz auf das Lamento vom Wertezerfall. Ob das für die heutige Elterngeneration noch gilt, darf allerdings bezweifelt werden, sollen sie von ihren Kindern heute häufig bewundert werden. Aber sie haben sich zumeist schon um eigene Wege bemüht, sind oft geschieden, leben mit wechselnden Partner, so dass auch Kinder in solchen Patchworkfamilien manchmal viele Bezugspersonen haben, man dergleichen jedenfalls nicht unbedingt tragisch nehmen muss.

Die Verschleierte und die sexy Gestylte

Dabei kann man zunächst eine nicht besonders überraschende Entdeckung machen: Je verhüllter eine Person ist, umso neugieriger macht der kleinste Schlitz. Dabei lässt sich die Animation sehr genau steuern. Die verschleierte Muslima animiert noch erotisch mit ihrem kleinen Finger oder mit einer spärlich bedeckten Passage des Fußes – obgleich bei manchen wirklich nichts mehr zu sehen ist. Die christliche Nonne präsentiert sich vollkommen sexuell neutral und schreckt damit ab: mit einem selbstverständlich weiten Umhang, Kopftuch, dicken Strümpfen und breiten Schuhen, wie jene fromme Muslima heute, die absolut weder sexy noch schön sein will. Ob Nonne oder fromme Muslima, sie erreichen präzise, was sie wollen. Die bloß verschleierte Muslima kommuniziert dagegen noch mit einer Restsexyness, die manchmal umso attraktiver zu animieren vermag.

Trotzdem besteht zwischen der Sprache der verschleierten Muslima und der westlichen sexy gestylten Moderna im Minimini und mit schwarzen Netzstrümpfen ein gravierender Unterschied: Erstere arbeitet mit einer esoterischen, indirekten Symbolik vergleichbar mit jenen Zeilen der ‚Bergidylle' Heinrich Heines. Dass es sich dabei um die Darstellung eines wechselseitigen Gebrauchs der Geschlechtsorgane handelt, bleibt verborgen, muss man erst erschließen: „In der Lilien Riesenkelche / Strömet ihre Strahlenflut." Und selbst wenn man es versteht, so handelt es sich doch um eine übertragene, symbolisierende Darstellung, allemal um keine pornographische Direktheit, vor allem auch um keinen unmittelbaren genitalen Verweis.

Der Weg dorthin ist bei der verschleierten Muslima sehr weit und verlangt sehr viel Fantasie, was allerdings auch umso weitere Vorstellungswelten eröffnet. Das ist bei der sexy gestylten Moderna völlig anders. Speziell die Sexyness der Beine und des Bauches verweist allein schon ob ihrer räumlichen Nähe direkt auf das magische Dreieck und erinnert darüber hinaus an das Lüstespiel, animiert somit den männlichen Beobachter ziemlich konkret bzw. weist der Fantasie einen bestimmten Weg, wiewohl diese natürlich von den individuellen Vorlieben abhängt. Just deswegen ist Sexyness trotzdem keine Pornographie – möchten das auch manche Verteidiger der traditionellen Sexualmoral gerne so sehen -; denn in der Pornographie geht es um eine direkte und detailverliebte Darstellung sexueller Akte mit möglichst orgastischen Konsequenzen beim Rezipienten. Man könnte meinen, Sexyness weist den Weg dorthin, aber trotzdem nicht pornographisch, sondern allein über die Vorstellung. Daher ist die Morderna im Minirock und schwarzen Netzstrümpfen doch nicht so fern der verschleierten Muslima, die etwas Haut sehen lässt.

Im Verhältnis zur Pornographie bleibt es dabei auch. Der sexuelle Akt kommt bei der Sexyness ja gar nicht vor. Sollte er wirklich beginnen, hört die Sexyness gemeinhin auf, erstens weil ihre Symboliken sich im Strip auflösen. Zweitens da sexuelle Akteure – um wieder mit Umberto Eco zu sprechen – ‚den ‚wachen Sinn für die Differenz' verlieren, was nicht heißt, dass sie nicht trotzdem Akteure bleiben, nur auf anderen Ebenen als den visuellen.

Sexyness zielt dagegen nicht auf den Akt, sondern erregt die Gedanken des anderen, mehr nicht, auf die Differenz, auf die Verschiebung von Bedeutungen, auf μετωνυμίες. Damit eröffnen sich für die sexy gestylte Moderna unterschiedliche Optionen, bei denen der sexuelle Akt eine absolut marginale Rolle spielt. Meistens will man damit etwas verkaufen, was mit Sex gar nichts zu tun hat, Autoreifen beispielsweise – ich gebe zu, deren Erotik ist mir bisher entgangen.

Die Sprache der Minne war folglich eine andere als die der heutigen Medien, indirekter, verschlüsselter, ohne offene genitale Anspielungen, ohne solch einen Verweis auf den Akt. Der heutige so säkularisierte wie sexualisierte Mann, der die Sprache der Sexyness spricht, muss daher die erotische Sprache der verschleierten Muslima erst lernen, was womöglich dieser eine höhere Attraktivität beschert als der sexy gestylten Moderna, ähnlich wie Nacktbadende regelmäßig viel weniger sexy wirken als jene im Bikini – aber schwerlich im Burkini. Allerdings arbeiten Nackte mit einer Minimalsymbolik, wenn sie sich in bloßer Nacktheit präsentieren und anzügliche Stellungen meiden. Sexy Gestylte dagegen bedienen sich einer unendlichen Verweisstruktur ähnlich wie die Verschleierte. Aber die Verschleierte darf sich natürlich nicht wie eine christliche Nonne aufführen. Dann ist alle indirekte esoterische Sexyness dahin, interessiert sich erotisch niemand für sie. Im anderen Fall muss sie gezielt die ihr mögliche Minimalerotik einsetzen.

Ist das Dirndl sexy?

Dabei unterscheidet sich Sexyness auch von der traditionellen Schönheit, die im 19. Jahrhundert durchaus mit erotischen Elementen zu arbeiten begann. Nicht dass ein tiefer Ausschnitt nicht Sexyness ausstrahlte – er wirkt auch bei Männern entsprechend, entzieht es sich meiner Kenntnis indes, wie dieser auf lesbische Frauen wirkt – doch verweist er nicht so unmittelbar wie der Minirock auf die Genitalität.

Und nicht nur das. Er spielt auch eher mit einer Fruchtbarkeitssymbolik und mit Infantilität: sich selbst zum nuckelnden Kind machen, um viele Kinder zu zeugen. Fruchtbarkeitssymbole verweisen über den Akt auf dessen mögliches Ergebnis – wenn man sich metonymische Gedanken macht. In einer Welt, in der Kinder zur Weiblichkeit wie zur Männlichkeit gehören, hat das auch animierende Effekte. In einer Welt der Kontrazeptiva und der Altersversicherung leidet die Fruchtbarkeit indes unter einem Mangel an Attraktivität, ja kann geradezu abschrecken, wenn man entweder keine Kinder will oder zumindest nicht unbedingt mit diesem Mann oder mit dieser Frau.

Traditionelle Ästhetiken, also die Tracht, die an das vorletzte Jahrhundert zumindest denken lässt, arbeiten mit dem tiefen Ausschnitt, wenn sie erotisch animieren wollen: das Dirndl. Darin könnte auch ihre heutige Popularität zumindest in Bayern gründen, schrecken ja manche Frauen vor der Sexyness zurück, die sie auf verschlungenem Pfade mit dem Dirndl einholen. Dabei legitimieren sie diese vorsichtige, versteckte Sexyness mit dem indirekten Verweis auf mögliche Kinder, die religiös Geprägte ja immer noch als Legitimation sexueller Aktivität gebrauchen, gerade wenn sie diese nicht mehr als Sünde verstehen.

Unter dem Titel „Löwenfütterung" bietet auf einem Plakat von Löwenbräu eine Bedienung im Dirndl mit prallen Brüsten – dem Holz vor dem Haus – einen Schwung gefüllter Maßkrüge an. Diese Dame ist nicht sexy, soll es auch nicht sein, spielt die Symbolik mit der Fruchtbarkeit des 19. Jahrhunderts, deren erotischer Sinn in Familie mit vielen Kindern lag, auch wenn allen klar ist, dass es sich dabei um eine vergangene Tradition handelt. Werbung arbeitet häufig mit solchen Assoziationen.

Just das aber gilt für die heutige Sexyness nicht mehr. Nicht nur dass sie nebenbei den rein genitalen, Kontrazeptiva gestützten und somit folgenlosen Akt assoziieren lässt. Vornehmlich kommuniziert sie mit ganz anderen Hintergedanken, bei denen Familie und Kinder bestimmt keine Rolle spielen, höchstens als Konsumenten, ja zumeist geradezu kontraproduktiv wirken, weil mit diesen so manche beworbenen Güter unerschwinglich oder unbrauchbar werden: der Zweisitzer. Umgekehrt wirbt eine Bettenfirma mit einer jungen Familie anfangs dreißig, die mit ihren beiden nicht mehr ganz kleinen Kindern im Bett liegen. Sie und er sind nicht sexy, sondern besonders schön, aber nicht mal auf erotische Art und Weise: Familie tötet die Erotik, wie de Beauvoir ja feststellte.

6. Kapitel
Sexualität als Produkt der Massenmedien

Sexualität ist nicht Spiel der Lüste, sondern Kommunikation in der Öffentlichkeit, die sich heute primär als Sexyness präsentiert. Wenn jene widerständigen Gruppen des 19. Jahrhunderts noch primär um den sexuellen Akt kämpften, auch wenn sie diesen öffentlich durchaus propagierten, stellt sich die Frage: Seit wann gibt es Sexualität in dieser heutigen Form? Schon seit den Zeiten des Odysseus? Zu allen Zeiten locken Menschen andere mit animierenden Symbolen, also wird es in einem unbestimmbaren Rahmen immer sexuelle Kommunikation gegeben haben. Häufig wurde das aber so nicht benannt oder wie im Mittelalter beschwiegen. Trotzdem überrascht heute die demonstrative sexuelle Orientierung vieler in ihrer Äußerlichkeit. Man darf doch vermuten, dass sich hier etwas verändert hat, zumindest im Vergleich zu den letzten Jahrhunderten.

Sexualisierung jenseits von Akt und Fruchtbarkeit

Seit wann also gibt es die Sexualität, die sich in Form von Sexyness präsentiert? Auch wenn man Foucault zustimmt, dass das christliche Mittelalter keinen expliziten, schon gar keinen öffentlichen Diskurs über Sexualität kannte, darf man trotzdem bezweifeln, dass der biopolitische Diskurs, der den Begriff der Sexualität als Heterosexualität einführt, mit jenem Prozess vergleichbar ist, den man unter Sexualisierung im Zeitalter der Massenmedien fasst. Eben jene Heterosexualität zielte auf die Bevölkerungsvermehrung im Dienste der Nationalstaaten. Das ist seit dem 20. Jahrhundert anders geworden.

Im Zuge der Sexualisierung der westlichen Gesellschaften bemächtigen sich die Individuen der Sexualität im Dienste ihres eigenen Vergnügens bzw. ihrer eigenen Interessen, die auch in der Familienbildung liegen können, aber womöglich mit dem Gebrauch der Geschlechtsorgane auch gar nicht zu tun haben. Sexualisierung und Akt, vor allem auch die mit letzterem verbundene Vermehrung, treten dabei jedenfalls weiter auseinander als zwischen dem 17. und dem 19. Jahrhundert, wenn sich Else Jaffé noch Anfang des 20. begeistert mehrfach schwängern lässt – sie konnte sich das auch leisten. Wenn die moderne Welt sexueller wird, dann geht es dabei um sexuelle Symboliken, die seit dem 20. Jahrhundert in der Sexyness gipfeln, deren sich die einzelnen Zeitgenossinnen, die Massenmedien, Organisationen oder Institutionen bedienen.

Ein solcher sexualisierter Diskurs, Sexyness als Kommunikation im umfassenden Sinn, zu der nicht nur Symbole, sondern auch Gegenstände wie Lippenstifte oder Miniröcke gehören, Fotoapparate, Computer, das Internet, Autos etc., dieser Diskurs hebt jedenfalls erst mit den modernen Massenmedien an. Im 19. Jahrhundert gab es ihn in dieser Form noch nicht, wiewohl die Erotik jener Zeit als eine Art Wegbereitung begriffen werden kann, die allerdings am Rand des Mainstreams stattfand. Aber von ihr führt kein unmittelbarer Weg zur Sexualisierung und zur Sexyness, also zur Sexualität, wie sie sich heute kommuniziert jenseits von Akt und Fruchtbarkeit.

Ohne die Medien und die Industrie wäre dieser erotische Diskurs wahrscheinlich folgenlos verebbt. Den hypothetischen oder realen Kindern von George Sand, Else Jaffé oder Isak Dinesen wäre das erotische Verhalten ihrer Eltern wahrscheinlich eher peinlich gewesen, so dass sie dergleichen nicht fortgesetzt hätten. Im 18. Jahrhundert bemühen sich radikale Aufklärer auch schon um ein anderes Verständnis von Leib und Seele. Im lebensfrohen katholischen Mittelalter mit Beichte und Ablass hat es solche Menschen bestimmt auch gegeben – man schaue sich mal wieder Pasolinis Filme *Decamerone* (Italien/Frankreich 1970) und *I racconti di Canterbury* (Italien/Frankreich 1971) aus der *Trilogia de la vita* an, in denen sich Pasolini gerade darum bemüht, die Protagonisten nicht sexy erscheinen zu lassen. Damit entspricht er wahrscheinlich den historischen Tatsachen, aber er setzt sich damit auch von der Sprache der Sexyness ab, die er als Sprache des Konsums geißelt, der für ihn 1975 der neue Faschismus ist, ein Eindruck, der durchaus nahe lag und den auch viele, vor allem politische Achtundsechziger teilten.

Niedergang der Sexualmoral durch Film und Schallplatte

Der Diskurs der Sexualisierung hebt mit den neuen Medien und Technologien am Ende des 19. Jahrhunderts an, die neue Möglichkeiten des Umgangs mit Sexualität, also neue Kommunikationsformen darüber und damit eröffnen. Die Entstehung des Films um 1900 spielt dabei eine wichtige Rolle. Im ersten und zweiten Jahrzehnt präsentiert man solche Lichtspiele zumeist auf Jahrmärkten und animiert die Leute mit diversen sexuellen Anzüglichkeiten. Bis zu diesem Zeitpunkt war eine erotische Bewegung eines Menschen einzigartig, konnten sie nur die Umstehenden sehen. Sie liess sich nachahmen, mehr oder weniger perfekt. Jetzt wurde sie perfekt einstudiert und so oft gefilmt, bis man genau die gewünschte anzügliche Bewegung optimal auf Zelluloid gebannt hatte. So macht der Film sexuelle Handlungen und Verhaltensweisen sichtbar, die bisher weitgehend im Verborgenen oder

zumindest Unterschwelligen blieben, die man höchstens vom Hörensagen kannte oder selber mal gesehen haben musste. Vor allem aber konnte man sie dann einem unendlich großen Publikum unendlich oft vorführen. Walter Benjamin diagnostiziert eine Veränderung im Bereich der Kunst, speziell durch Fotographie und Film, eine Veränderung, der er revolutionäre Perspektiven attestiert, die doch in eine ganz andere Richtung weisen, als er sich das vorstellte. „Was im Zeitalter der technischen Reproduzierbarkeit des Kunstwerks verkümmert," schreibt Benjamin, „das ist seine Aura. Der Vorgang ist symptomatisch; seine Bedeutung weist über den Bereich der Kunst hinaus. Die Reproduktionstechnik, so ließe sich allgemein formulieren, löst das Reproduzierte aus dem Bereich der Tradition ab. Indem sie die Reproduktion vervielfältigt, setzt sie an die Stelle seines einmaligen Vorkommens sein massenweises. Und indem sie der Reproduktion erlaubt, dem Aufnehmenden in seiner jeweiligen Situation entgegenzukommen, aktualisiert sie das Reproduzierte. Diese beiden Prozesse führen zu einer gewaltigen Erschütterung des Tradierten – einer Erschütterung der Tradition, die die Kehrseite der gegenwärtigen Krise und Erneuerung der Menschheit ist."[1] An die Sexualisierung, gar Sexyness als eine strukturelle Veränderung der Lebensweise der Zeitgenossen im Zuge von Individualisierungsprozessen denkt er dabei sicherlich nicht. Aber letztere waren die eigentliche Revolution, die man indes besser Involution nennen sollte, weil dadurch niemand ausgeschlossen wird.
Jedenfalls sorgt der Film bis heute immer wieder für Skandale, obgleich sich diese heute eher im religiösen Bereich als im sexuellen ereignen. Der Film wird noch in den 20er Jahren Probleme damit haben, als eine Kunst-

---

[1] Walter Benjamin, Das Kunstwerk im Zeitalter seiner technischen Reproduzierbarkeit (1936), Frankfurt/M. 1963, 16

form anerkannt zu werden. Es verwundert nicht, dass Moralisten dem frühen Film unsittliche Wirkungen auf die Zeitgenossen vorwarfen, noch dazu da er auch an Orten vorgeführt wurde, wo das einfache Volk sich traf, wo dessen geringe sittliche Disziplin auch noch nachließ, es sich also noch sittenloser als üblich benahm. Die Disziplinartechniken des 19. Jahrhunderts betrafen nämlich keineswegs primär das einfache Volk, sondern die gehobenen Schichten, die ihre Kinder nach allen Regeln der Kunst drillen ließen. Frauen in Führungspositionen benehmen sich bis heute äußerst selten sexy. Aber auch in die gehobenen Kreise dringt die Sexyness der Unterschicht zunehmend ein. Was soll aus der Oberschichtmoral auch werden, wenn Lady Diana Mick Jagger trifft, der indes längst zur Oberschicht gehört.

Mit der Schallplatte wird Musik nicht nur wiederholbar und überall verfügbar. Sie wird auch leicht und dauerhaft importierbar. So gelangt mit ihr eine fremde Musik – der frühe Jazz – ins kaiserliche Deutschland und bringt nicht nur Musiker auf neue Ideen, die die lokale und traditionelle Musik in den Hintergrund drängen, die in der Regel auch mit der öffentlichen Moral verwoben ist und dieser entspricht: das Dirndl und die Blasmusik im Bierzelt. Nein, diese neue Musik verführt zu öffentlichen Tanzvergnügen, bei denen Frauen unsittliche Bewegungen machen, beispielsweise die Beine spreizen, was die kaiserliche Sittenpolizei auf den Plan ruft.

Vor diesem Hintergrund beginnt sich seit etwa 1900 das Liebesleben zu wandeln und sich den rigiden institutionellen Regeln des 19. Jahrhunderts immer stärker – auch in höheren Schichten – zu entziehen. Das Tanzlokal, der Flirt, das Kino mit seiner Dunkelheit treiben einen Prozess der individuellen Befreiung von der Sexualmoral des 19. Jahrhunderts an, der sich auch auf breitere Kreise der Bevölkerung auswirkt, die zwar weniger diszipliniert waren, die aber keinesfalls eine selbstbewusste Auflösung der traditionellen Moral betrieben hätten, die sich gegen die Kulturentwicklung bestimmt nicht auflehnen wollten. Dadurch verbreiteten sich jedoch liberalere Vorstellungen von Sexualität auch jenseits jener gehobeneren erotischen Bewegungen von Bohemiens, Intellektuellen, Revolutionären und Künstlern.

Diese geben dabei auch keinesfalls den Ton einer Ethik der Authentizität vor, wie sie Charles Taylor beschreibt. Um Ethik geht es beim neuen Liebesleben gerade nicht, sondern um ein individuelles Vergnügen, das den Moralisten als Hedonismus und Sittenverfall vorkommt. Teile der erotischen Bewegung, der Freikörperkultur, der Naturorientierung werden sich denn auch durchaus begeistert den Nazis anschließen, die versprechen, die kleinbürgerliche Moral gegen diese Auflösungserscheinungen zu schützen. Die Freikörperkultur wird sich dann lange Zeit auch höchstens an ihren Rändern um Sexyness bemühen, ansonsten eine asexuelle Nacktheit praktizieren. Wie gesagt: einfach nackt ist nicht sexy.

Fotographie und Druckerzeugnisse als ‚Schmutz und Schund'

Fotographie und der Druck ermöglichen die Produktion von neuen Druckerzeugnissen mit pornographischen Gehalten, die seit Ende des 19. Jahrhunderts nicht nur in der Unterschicht eine weite Verbreitung finden, der es nun mal an Sexualmoral immer schon mangelte. Bis auf jene kleinen alternativen Gruppen rings um die erotischen Bewegungen wird man in gehobeneren Kreisen darüber tunlichst schweigen. Aber auch jene erotischen und der Natur verpflichteten Bewegungen entwickeln zumeist eine vorgeblich natürliche Einstellung zur sexuellen Praxis, die eine Sexualisierung des Alltagslebens als Sittenverfall betrachtet. Die Fotographie beschleunigt die

Produktion des Aktbildes immens. Nicht nur dass man jetzt von jedem ein Bild machen kann. Es darf auch ein Nacktbild sein, das manche heute gar ins Internet stellen.

Zugleich wird damit wie durch den Druck die Verbreitung von Pornographie erst möglich. So erhalten denn diese Druckerzeugnisse schnell ein juristisch einschlägiges Label, nämlich ‚Schmutz und Schund'. Bereits um 1900 wurde der katholische Volkswartbund mit seiner Kölner Zentrale gegründet. Er schrieb sich den Kampf gegen ‚Schmutz und Schund' auf seine Fahnen. In der Weimarer Republik war dieser Kampf ob eines liberalen Presserechts schwierig. Mit den Nazis indes kooperierte der Volkswartbund erfolgreich und wurde dabei vom damaligen Kölner Kardinal Joseph Frings kräftig unterstützt. Die schmutzigen Hefte wurden verboten, erotische Filme gar nicht mehr gedreht.

So liess sich der Kampf für den Anstand während der Nazi- und der Kriegszeit ungebrochen und vor allem sehr erfolgreich führen. Die Sexualität, genauer die sexuelle Praxis sollte dem Volk dienen, nicht dem Vergnügen der Individuen. Nur wichen die Nazis in den letzten Kriegsjahren von ihrer eigenen Familienpropaganda ab und verteufelten das sexuelle Vergnügen nicht mehr, bedienten sie sich dessen vielmehr zur Volksvermehrung, die im Krieg ja dringend geboten schien. So akzeptierten sie auch Schwangerschaften ohne Trauschein.

Beides zusammen, ein anderes Körperverständnis und uneheliche Kinder schwächten die Familienmoral des 19. Jahrhunderts nachhaltig: Was als unmoralische Disqualifizierung gebraucht wurde, eben das Wort vom unehelichen Kind, ist heute aus der Alltagssprache verschwunden – die Umwertung der Werte. Wie der Krieg selbst trug das auch zur Stärkung der Rolle der Frau bei und förderte damit langfristig die Emanzipation, was die Nazis bestimmt nicht beabsichtigten, deren sie sich aber genauso bedienten: Nur dass die Frauen dabei dem Volk und den Soldaten dienen sollten, nämlich im Bett, in der Munitionsfabrik und im Kreissaal.

Die vom Nazi-Propagandaministerium betriebene Medienpolitik versuchte gerade hinsichtlich des neuen Mediums Film das traditionelle Familienbild in den von der UFA produzierten Filmen mit der Nazi-Ideologie geschickt verquickt zu kolportieren. Der oberste Dienstherr des deutschen Films war davon überzeugt, dass Filme ihr Publikum nachhaltiger beeinflussen, wenn man sie nichteinfach als Propaganda abtun kann. Die ‚gute, gebärfreudige, tapfere Frau' im Film sollte vom Schlankheitsideal abweichen und durch ein breites gebärfreudiges Becken zu entsprechenden Taten animieren.

Das konnte aber über die reine Propaganda hinaus im Film nur glaubwürdig wirken, wenn die Frau dabei trotzdem auch attraktiv aussah, also sexy – auch wenn es so noch nicht genannt wurde. Das ist in der Tat nicht allzu schwer, sehen Frauen im Film sehr leicht sexy aus, nicht zuletzt ob ihrer Ferne für das Publikum und ob der Inszenierung des Films. Die Bewegung wird perfekt sexualisiert. Unschönes beseitigt die Maske. In der Realität ist das gemeinhin umgekehrt: je näher und je altbekannter die Frau, umso weniger wirkt sie noch attraktiv, geschweige denn sexy, vor allem nicht die eigene, zumeist ungeschminkte Ehefrau, deren Bewegung man schon gar nicht mehr als sexy empfindet. Das gilt nicht unbedingt für die Tochter, die sich ob des Inzestverbotes in absoluter Ferne aufhält fast wie Brigitte Bardot im Kino.

Das macht die Realität unattraktiv bzw. zwingt Frauen, aber auch die Männer, sich dem Film anzupassen. So kreieren die modernen Massenmedien von Anfang an den Prozess der Sexualisierung der westlichen Welt, der vornehmlich mit dem Film seinen Anfang nahm und der das Verständnis von Sexualität veränderte, indem er diese als Sexyness ins Licht der Öffentlichkeit schob.

Spielten viele Nazi-Filme durchaus bereits mit einer sexuellen Symbolik, blieb dem westdeutschen Film der fünfziger Jahre, dem Heimatfilm – man denke an das Seelchen Maria Schell – gar nichts anderes, als diese Semiotik fortzuschreiben. Außerdem vermochte er auch an den Nazi-Film nahtlos anzuschließen, dominierten in ihm wie bei den Nazis die Themen Heimat und Familie, die sich natürlich nicht schlechter als zu Zeiten des Reichspropagandaministers präsentieren durften. Man drehte nur ein wenig die expliziten Naziideologeme ab, was aber zumeist eine graduelle Angelegenheit bleiben konnte, da sich der Traditionalismus nicht so sehr davon unterscheidet. So schreibt David Steinitz: „Der Traum von einem deutschen Neorealismus bleibt ein unerfüllter Fetisch. In Deutschland entwickelte sich aus vielen Gründen ein anderes Kino: die Sehnsucht in der Nachkriegszeit nach einer heilen Welt, die stockende Aufarbeitung der nationalsozialistischen Verbrechen, die Unlust von Filmemachern und Publikum auf politische Themen, das Versagen der Filmkritik, auf diese Missstände aufmerksam zu machen."[1]

Der Krieg und der Fortschritt der Sexualisierung

Auch indirekt – das meint zumindest Friedrich Kittler – trugen die Nazis zur späteren Sexualisierung bei, nämlich durch die forcierte Entwicklung von Kriegstechnologien. „Die Unfähigkeit der französischen Führung, ihre drei Panzerdivisionen über Funk zu steuern, machte es Guderian so leicht. Als Führer einer schweren Funkstation schon 1914 an der Marne hatte er zwischen 1923 und 1934 alles daran gesetzt, im Frankreichfeldzug seine zehn

---
[1] David Steinitz, Geschichte der deutschen Filmkritik, München 2015, 123

Panzerdivisionen mit einer technischen Neuerung aufzurüsten, dem UKW-Funk. Alle Autoradios, die uns zum Sound der Stones an ihre geliebte Cote d'Azur trugen, haben nur dies Betriebsgeheimnis des Blitzkriegs übernommen. Die Popmusik wäre sonst jene monophone Sauce aus Venyl oder Mittelwellenradio geblieben, die ein Jahrzehnt zuvor unterm Namen Rock'n'Roll lief."[1] So ebneten die Nazis nicht nur der Emanzipation der Frauen den Weg, sondern auch noch jenen Bewegungen, die sich um ein anderes Verständnis von Sexualität bemühten – man denke an das Schlagwort von der sexuellen Revolution. Und nichts befeuerte die aufmüpfigen jungen Leute der sechziger Jahre intensiver als die Rockmusik, die sie zugleich globalisierend miteinander verband.

Wenn fundamentalistische Christen die Rock- und Popmusik für ein Produkt des Teufels halten, kann man ihnen nur zustimmen – man sieht schon, wohin *Sex and Drugs and Rock 'n' Roll* führen, nämlich zu Libertinage, Promiskuität, zum Unglauben; teilweise auch zur Sexyness – man denke wiederum an den Minirock der sechziger Jahre und an Filme wie *Zur Sache Schätzchen*. – oder schlicht an die fortschreitende Sexualisierung der westlichen Gesellschaften im Zeichen der Massenmedien. Allerdings haben die Protestbewegungen um 1968 diesen Prozess keineswegs ausgelöst, wie Traditionalisten und fundamentalistische Christen es gerne behaupten, um sie derart nicht nur für den Prozess der Sexualisierung der westlichen Gesellschaften, sondern vor allem für den Verfall traditioneller Werte und Sitten verantwortlich zu machen – abgesehen davon dass Traditionalisten den Wertewandel gemeinhin verdrängen, sind schließlich, wie es Nietzsche erhoffte, neue Werte und Sitten entstanden, wiewohl er sich vermutlich andere gewünscht hätte.

---

[1] Friedrich Kittler, „When The Blitzkrieg Raged"; in: Albert Kümmel-Schnur (Hrsg.), Sympathy for the devil, München 2009, 139

Diese Schuldzuweisung ist, speziell was Deutschland betrifft, erheblich zu kurz gegriffen – so die Zeithistorikerin Sybille Steinbacher in ihrer Habilitationsschrift *Wie der Sex nach Deutschland kam*, auf die ich mich teilweise auch schon in den Abschnitten zuvor stütze. Meine Frage lautet dabei indes: Seit wann gibt es die Sexualität, wie sie sich heute am Anfang des 21. Jahrhunderts präsentiert? Dieser Prozess der Sexualisierung entstand nicht erst 1968, sondern seit besagten medialen Entwicklungen am Anfang des 20. Jahrhunderts, die sich über die Nazi-Zeit hinaus fortsetzten. Kaum hatten die Alliierten in Westdeutschland die Pressezensur gelockert, erschienen wieder jene ‚Schmutz- und Schund'-Hefte. Beate Uhse begann kurz nach dem Krieg ihren Vertrieb von Sexartikeln und Verhütungsratschlägen. Aber nicht nur innerhalb der Ehe wurde derart der Gebrauch der Lüste intensiviert, wie es sich Uhse nach eigenem Bekunden angeblich vorgestellt hatte. Allein schon ob der Beförderung des Gebrauchs der Geschlechtsorgane in der Ehe wurde lange Jahre massiv angefeindet.

Kaum hatten die Alliierten Deutschland von den Nazis befreit, stiegen in der katholischen Bischofsstadt Bamberg die Fälle von diversen Geschlechtskrankheiten. Dergleichen hatte es in der einst kaiserlichen Garnisonsstadt so gut wie nicht gegeben. Dass nun die amerikanischen Besatzungsbehörden die Stadt zu Gegenmaßnahmen aufforderten, verwundert sicherlich nicht, auch nicht, dass daraufhin ein spezielles Krankenhaus eingerichtet wurde, das bald im Volksmund ‚Geschlechtskrankenhaus' hieß. Eher schon, dass sich die städtischen Behörden und die deutsche Sittenpolizei eifrig daran beteiligten, Hunderte von Frauen pro Monat in der Nähe von amerikanischen Einrichtungen oder Vergnügungsstätten festzunehmen – ein Verdacht, ‚Feindsliebchen' zu sein, reichte aus, um sie ins besagte Krankenhaus zwangseinzuliefern, wo sie mindestens ein bis zwei Tage festgehalten wurden.

Viele Eltern vermissten häufig ihre Töchter, was sich auch vor den Nachbarn nicht immer verbergen ließ. 1951 kritisierte der Chefarzt öffentlich diese Praktiken, „er leite ein Krankenhaus und kein Gefängnis. Die polizeilichen Methoden verstießen nach seiner Ansicht gegen ‚fundamentale Bestimmungen der Demokratie."[1] Das löste einen Sturm der Entrüstung in der lokalen Presse aus, was die Entlassung des Arztes nach sich zog. Die Lufthoheit über den Stammtischen sann immer wieder darüber nach, warum sie den Krieg verloren hatten.

Der Kinsey-Report und die US-amerikanische Unkultur

Schlimmer als der unzüchtige Gebrauch der Geschlechtsorgane selbst war für viele Sittenhüter aber der 1948 und 1953 erschienene Kinsey-Report. Vom Volkswartbund bis zu den Ex-Nazis reagierte man auf diese verbale Form der Sexualisierung mit traditionellem Antiamerikanismus. Die amerikanische Kultur sei flach und von schmutzigen Schundfilmen beherrscht. Vor allem in amerikanischen Ehen ginge es den Eheleuten nur um Sex und Orgasmus, nicht wie in Deutschland um Liebe, Romantik und den Beitrag zur Volksgemeinschaft. Ende August 1953 machte die *Süddeutsche Zeitung* dafür vor allem die in den USA fortgeschrittene Emanzipation der Frauen verantwortlich.

Der Soziologe Helmut Schelsky, so Steinbacher, „zitierte eine Zeitungsmeldung (ohne Angabe von Quelle und Datum), wonach ein amerikanischer Armeepfarrer nach seiner Rückkehr aus dem Koreakrieg Folgendes

---

[1] Sybille Steinbacher, Wie der Sex nach Deutschland kam – Der Kampf um Sittlichkeit und Anstand in der frühen Bundesrepublik, München 2011, 94

berichtete: ‚Keine kommunistische Propaganda könne so demoralisierend wirken wie die Behauptung, dass jede vierte Frau ihrem Mann untreu sei.' Dass ein Viertel aller amerikanischen Ehefrauen außereheliche Sexualkontakte pflege, hatte Kinsey in seiner Studie über das Sexualverhalten der Frau detailliert dargelegt. Schelsky knüpfte an das Zeitungszitat seine ganze Empörung und erklärte, er halte die Interpretation, zu der Kinseys Statistiken einlüden, sogar für ‚fast unmoralischer als den Ehebruch selbst'."[1] Das entspricht etwa der mittelalterlichen christlichen Moral. Man darf alles tun, muss es aber als Sünden anerkennen und darf somit nicht in der Öffentlichkeit, sondern nur in der Beichte darüber reden. Dann hat nämliches Verhalten von Soldatenfrauen auch keine Auswirkung auf die Moral der Soldaten, ‚dürfen' sie fremdgehen.

Schelsky hat für das Problem auch eine Lösung parat, die noch der Krieger- und Untertanengesellschaft des 19. Jahrhunderts entspricht, die allemal bis über die Mitte des 20. dominierte: Sexualmoral sei kein Thema für die Öffentlichkeit. Darüber befinden die Experten, im Mittelalter die Kirche. Doch just die Sexualisierung der westlichen Gesellschaften geht auch mit einem Anspruch auf Mündigkeit einher. So schreibt Charles Taylor: „Neben dem moralisch-spirituellen und dem instrumentellen Individualismus gibt es jetzt <im 19. Jahrhundert> außerdem einen weitverbreiteten ‚expressiven' Individualismus. (. .) Neu ist jetzt <in der zweiten Hälfte des 20. Jahrhunderts>, dass sich diese Art der Selbstorientierung offenbar zu einem Massenphänomen entwickelt hat."[2] Schelskys Vorstellungen wie jene des Volkswartbundes werden just daran scheitern.

---

[1] Steinbacher, Wie der Sex nach Deutschland kam, 227
[2] Taylor, Ein säkulares Zeitalter, 788

Das Thema Kinsey-Report beflügelte damals auch die Illustrierten wie *Stern* und *Quick*, und zwar unter der Maske der Empörung wie der Kritik an dieser Sexualisierung: Man kritisierte die Kinsey-Reporte in wochenlangen Serien als unmoralisch, aber ging auf deren Inhalte detailreich und animativ ein, so dass man dadurch die Sexualisierung noch beschleunigte, vor allem aber damit den Umsatz steigerte.

So verbreitete sich solcherart ‚amerikanische Unkultur' vornehmlich durch die Massenmedien, das Kino und die Welt der diversen Illustrierten, die dann seit den 60er Jahren verstärkt auf ihren Covern mit nackter Haut auf sich aufmerksam machten. Die Schmutz Literatur fand reißenden Absatz, unzüchtige Filme avancierten zu Kassenschlagern: *die Sünderin* mit Hildegard Knef oder Ingmar Bergmanns *das Schweigen*. Oswald Kolle klärte so sachlich wie hygienisch die Deutschen über das jeweils andere Geschlecht auf.

Der Wunsch nach Sexyness und Pornographie

Trotz der Kontinuität und aller Anstrengungen von Polizei, Justiz, Gesundheitsbehörden, Politik, Kirchen etc. geht dieser Kampf gegen die Sexualisierung bereits in den frühen sechziger Jahren definitiv verloren. Somit konnten die Achtundsechziger mit ihrem Konzept der freien Liebe – so Steinbacher – dafür schwerlich verantwortlich sein. Nein, verantwortlich war der Kommerz. Spätestens in den sechziger Jahren konnten konservative Regierungen gegen die Sexwelle nichts mehr unternehmen, ohne Wählerstimmen zu riskieren. Typisch dafür ist auch die Geschichte des Bikinis, der – 1946 erfunden – in den fünfziger Jahren in vielen Ländern verboten war – er durfte auch nicht im Hollywood-Film vorkommen – und der sich dann seit den sechziger Jahren durchsetzte. Die

Nazis hatten zuvor selbst umfängliche Zweiteiler verboten und verlangten eine Bedeckung des Oberschenkelansatzes.

Während linke Zeitschriften wie *Konkret* auf der Sexualisierungswelle mitschwammen, distanzierten sich die meisten radikalen Linken der 1968er Zeit in puritanischer oder feministischer Manier, ging es ihnen höchstens um einen freieren Gebrauch der Geschlechtsorgane, um die Emanzipation der Frau, lehnten sie die Sexualisierung, speziell die Sexyness als bürgerlich ab, solle das die Arbeiterklasse doch nur vom Klassenkampf ablenken. Maoistische und kommunistische Gruppen frönten in den siebziger Jahren gar einer so prüden wie rigiden Sexualmoral.

Seit wann gibt es die Sexualität? Seit der Entstehung der modernen Massenmedien. Wer macht also die Sexualität: der Film, das Fernsehen, das Internet, die Kosmetikbranche, die Mode. Sie entwickeln Bilder, Semiotiken, Semantiken, Akroamatisches ('je t'aime'), so dass es in der Welt immer mehr an Sexualität wahrzunehmen und zu erleben gibt, dem man sich gar nicht so leicht entziehen kann, wenn man möchte: Die mediale Macht der Sexualität primär als Sexyness.

Nur dass sich deren Nutzer davon durchaus gerne animieren lassen, dass sie selbst aktiv von Anfang an und in allen Stadien des Prozesse von den ‚Schmutz-und-Schund' Heften bis zur sexy gestylten Bankerin oder Studentin heute daran teilnehmen. Weil sich diese Orientierungen durch alle Klassen der Bevölkerung hindurchzogen und sich immer weiter verbreiteten, konnten keine traditionellen, konservativen, sozialdemokratischen Parteien, keine kirchlichen Institutionen, kein Staat diese Entwicklungen stoppen. Letztlich mussten sich alle Autoritäten dieser Entwicklung beugen. Dagegen weiterhin zu wettern, macht lächerlich.

Insofern darf man auch ein weiteres Mal der Repressionstheorie Sigmund Freuds widersprechen: Einerseits wurde die Sexualität biopolitisch eingesetzt und genutzt, andererseits nahmen Menschen in Verbindung mit den Medien die Sexualität in die eigene Hand und entwickelten eine neue Kommunikation, die Sexyness und damit verbunden auch eine neue Moral. Da können heutige medizinische Sittenwächter noch so laut über Schönheits-OPs wettern, darüber dass Stöckelschuhe die Füße verderben, dass sich Jugendliche über alles Mögliche Sexuelle im Internet äußern oder über dämliche Banalitäten, die in Fernsehen und Funk gesendet werden. Es gibt ein Bündnis zwischen den Massenmedien und dem breiten Publikum, das zur Sexualisierung geführt hat.

7. Kapitel
Sexyness und Ökonomie

Natürlich haben sich viele Menschen damit auf riskante Pfade begeben. Bereits der Zeitgenosse des Sokrates, Aristipp von Kyrene, Begründer des Hedonismus, wusste, dass die sexuellen Lüste gefährlich sind. Man braucht Bildung, um sie zu beherrschen, um Humanität zu entwickeln – ein Wort, das Aristipp in den philosophischen Diskurs einführt. Denn Sexualität entfaltet eine Macht, der sich der einzelne häufig genug ausgeliefert fühlt.

Sexuelle Liberalisierung als der neue Faschismus des Konsums

Zunächst umfasst Sexualität nämlich eine Sammlung von animierenden Zeichen, die durchaus diverse Erregungen auszulösen in der Lage sind, lassen sie nicht selten auch vom sexuellen Spiel träumen. Derart animiert Sexyness das Individuum, sich selber dementsprechend zu verhalten, entweder dadurch, dass es sich davon dazu verleiten lässt, was mit dieser beabsichtigt wird, beispielsweise zum Konsum. Oder es präsentiert sich selbst in einem sexualisierten Outfit: das ergibt die sexy Bankerin, die dem Kunden das verkauft, was die Bank von ihr verlangt, wodurch sie selbst wie die Bank einen gemeinsamen Vorteil haben: Sexualität ist sehr gefährlich! – Aber anders, als sich Aristipp das vorstellte.

So kritisiert auch Pasolini Mitte der siebziger Jahre die sexuelle Liberalisierung als eine Scheinbefreiung, bei der es letztlich nur darum geht, die Sexualität in den Dienst ökonomischer Interessen zu stellen: „Diese Freiheit des Koitus in der ‚Paarbeziehung', so wie die Mehrheit sie sich vorstellt, diese wundervolle Liberalität, die man ihr zollt – wer hat die denn stillschweigend gewollt, stillschweigend proklamiert und stillschweigend und unwiderruflich zur allgemeinen Gewohnheit werden lassen? Die Herrschaft des Konsums, der neue Faschismus. (...) Heute ist die sexuelle Freiheit der Mehrheit in Wirklichkeit eine allgemeine Norm, ein Muss, eine soziale Pflicht, ein gesellschaftlicher Zwang, ein unverzichtbarer Bestandteil der Lebensqualität des Konsumenten."[1]

Diese These ist nicht so absurd, wie sie auf den ersten Blick scheinen mag. Allerdings sollte man sie etwas variieren. Im 19. Jahrhundert versuchten sich kleine Randgruppen der Gesellschaft auch im Hinblick auf die Sexualität dem kulturellen Druck zu entziehen. Der Druck ging von der Mehrheit aus. Die Minderheit erscheint harmlos. Doch die brutale Reaktion der Nazis und der Faschisten auf jede Form des Individualismus deutet daraufhin, dass sich ein großer Teil der Bevölkerung dadurch bedroht fühlte. Freizügigkeit war ja auch immer religiösen Kreisen ein Dorn im Auge.

In der Zwischenzeit und nicht zuletzt auch vermittelt durch wenig erfreuliche Bündnispartner wie die Sexualpolitik der Nazis einerseits und jenen sogenannten medialen ‚Schmutz und Schund' transformierte sich ein Minderheitenbegehren längst in einen Mainstream. Damit sehen sich nicht nur jene konfrontiert, die bisher die Lufthoheit über den sexualmoralischen Stammtischen hatten, also primär Priester und Eltern, die ihre Töchter pädagogisieren. Auch andere Randgruppen wie die Homosexuellen, die von letzteren häufig drangsaliert wur-

---

[1] Pier Paolo Pasolini, „Der Koitus, die Abtreibung, die Schein-Toleranz der Herrschenden, der Konformismus der Progressiven" (Corriere della Sera, Januar 1975); in: ders., Freibeuterschriften (1975), Berlin 1980, 56

den, befürchten in den siebziger Jahren, Opfer von diesen intensiven Sexualisierungsprozessen zu werden. Pasolini begriff die Sexualisierung eher als ein Hindernis für Emanzipationsbemühungen der Schwulen und Lesben, wurde speziell Pasolini in den sechziger Jahren ständig mit Prozessen überzogen. Seine Ermordung 1975 interpretierte der Schriftstellerkollege Alberto Moravia als eine Folge davon, dass sich gerade auch die aufgeklärten Intellektuellen nicht genügend gegen die Verfolgung der Homosexuellen im postfaschistischen Italien eingesetzt haben.

Jedenfalls sehen sich viele heute auch ein gutes Stück weit dieser Sexualisierung ausgeliefert, just deshalb weil Sexualisierung an ein individuelles Bedürfnis anzuknüpfen vermag, mit dem viele nicht allzu gut und wenig erfolgreich umzugehen vermögen. Bedienen sich ökonomische Interessen der Sexualität – was ja seit Jahrzehnten immer offensichtlicher stattfindet – lassen sich dadurch viele beinahe freiwillig an diese ökonomischen Prozesse anschließen, wird dadurch auch das individuelle Bewusstsein nachhaltig geprägt. Längst nicht nur Disziplinartechnologien wie im 19. Jahrhundert, sondern Lustpraktiken prägen bzw. erzeugen heute die Seele, die für Michel Foucault derart zum Gefängnis des Körpers wurde. „Der Mensch, von dem man uns spricht und zu dessen Befreiung man einlädt, ist bereits in sich das Resultat einer Unterwerfung, die viel tiefer ist als er. Eine ‚Seele' wohnt in ihm und schafft ihm eine Existenz, die selber ein Stück der Herrschaft ist, welche die Macht über den Körper ausübt. Die Seele: Effekt und Instrument einer politischen Anatomie. Die Seele: Gefängnis des Körpers."[1] pers."[1] In Lustpraktiken klinkt sich nicht nur die Werbung ein, sondern die gesamte politisch soziale Brot- und Spiele-Welt, von der medialen Unterhaltungspolitik über

---

[1] Foucault, Überwachen und Strafen, 41

den Sport bis zur Spielewelt für Erwachsene. Monopoly funktionierte noch anders.

Die Seele – affiziert von Werbung, Medien und Mitwelt – gestaltet den Körper, weil – und das ist beinahe noch zwanghafter – dadurch der Geschmack der Zeitgenossen geprägt wird. Wer sich dem entzieht, der findet weniger Aufmerksamkeit, weniger Entgegenkommen, weniger Interesse, Liebe, eventuell auch weniger gemeinsame sexuelle Akte. Wer sich diesem Geschmack entzieht – längst nicht nur der religiöse Fundamentalist, auch die radikale Feministin oder der bodenständige Ökologe im selbstgestrickten Pullover –, der findet sich plötzlich in einer hässlichen Welt wieder mit lauter satanischen, patriarchalischen oder unnatürlichen Gestalten, die ihnen kaum eine Chance der Entfaltung lassen und das auf banale Art und Weise, weil diese Gestalten durch ihre Äußerlichkeit und ihr Benehmen von vielen anderen mehr bewundert werden als sie selbst.

Sexualität stellt derart eine allgemeine strukturelle Macht dar, der die Individuen ausgesetzt oder ausgeliefert sind. Oder jene, wie es Jean-Claude Kaufmann bedauerte, die ihren Prinzipien treu bleiben und sexuelle Akte erst in der Ehe wünschen, haben schlechtere Karten just auf diesem zudem noch enger werdenden Heiratsmarkt, weil wie es Eva Illouz bemerkte, viele gar nicht mehr heiraten wollen, weil es ja nicht mehr der einzige Ort für legale sexuelle Akte und die Ehe nicht mehr der einzige Ort der Selbstverwirklichung ist. Gibt es überhaupt noch jemand, der den Sex mit der Ehe verbindet? Außer religiösen Fundamentalisten?

Statt konfrontativer Verführung eine manipulative, kraftlose

Aber die Individuen können sich auch selbst in die Sexyness als einer allgemeinen Struktur bzw. Sprache oder Zeichensystem einklinken, nicht nur ökonomische oder politische Organisationen. Das eröffnet ihnen Einflussmöglichkeiten, also Macht. Ob Konzern oder Individuum, alle verhalten sich verführerisch wie sie sich auch der Verführung hingeben, die in der zwischenmenschlichen Welt des Geschlechtlichen wahrscheinlich ihre originäre Heimstatt hat. Das sexualisierte Zeichensystem fasziniert ja nicht ob einer rationalen Struktur, sondern regt an und auf, bringt dadurch auf Abwege, verschiebt – jedenfalls für die Vernunft, die im Abendland immer das Sagen hatte – Abwege, μετωνυμίες, die Lust bereiten, ob im emotionalen oder ökonomischen Bereich.

Auf der individuellen wie der ökonomischen Ebene bleibt die Verführung indes vergleichsweise harmlos, hat wenig mit dem zu tun, wovon Jean Baudrillard, der Philosoph der Verführung, träumt, nämlich mit einer harten konfrontativen Verführung, also mit völliger Unterwerfung. Deren Idealfall ist für Baudrillard die Verführung zum sexuellen Akt, worum es in der Sexualisierung doch höchstens nebenbei geht. Doch die harte Verführung will selbst etwas anderes als den bloßen sexuellen Akt. Bei der harten Verführung sind die Verführer selber gleichzeitig Verführte, jedenfalls nicht unbedingt Herr ihrer Bedürfnisse: Die Frau – um ein sehr böses Beispiel zu liefern – verführt zum sexuellen Akt, getrieben von einer Suche nach Lebenssinn im Kind und um dadurch den Verführten im mythischen Sinn über den Tod hinaus zu binden, um ihn letztlich zur Monogamie und Treue zu zwingen. Oder die Verführung, die von Seiten des Mannes: just mit solcher Ehe lockend doch nur um der eigenen Lust willen von vornherein niemals dazu bereit, die Verlockung einzulösen. Das lässt sich sogar noch steigern im Sinne von de Sades *Juliette* durch die Erniedrigung des Opfers, was zugleich im mythischen Sinn eine Rache am Vater erlaubt – die Mutter schwängern und sie sitzen lassen –, ist der Stammvater aller Väter schließlich Laios. Aber auch Abraham, wollte seinen Sohn töten – Georg Simmel bedauert im Dezember 1914 in einem Brief an Edmund Husserl die eigene Unwichtigkeit für den Krieg: „Doch habe ich das Gefühl, dass wer weder selbst hinausgeht noch ein Kind hinausschickt, die Weihe nicht empfangen hat – als wäre er nicht würdig befunden, am Opfer teilzunehmen."[1] men."[1] Husserl hätte auf diese Ehre gerne verzichtet. Jedenfalls ist der Verführende auch bei diesem Beispiel zugleich der Getriebene, allemal nicht Herr seiner Lüste wie seiner Rachegelüste.

Doch gemeinhin geht es im Prozess der Sexualisierung um eine schwache Verführung, die eher verleitet als verführt. An der Stelle, an der die Sexualisierung ansetzt, wo man mit sexuellen Bildern und Zeichen konfrontiert wird – mit den sexy Oberschenkeln der Sängerin während des Rock-Konzertes, mit der Barbusigen auf der Titelseite des Boulevard-Blattes, mit dem roten Mund der Bankerin – überall bei diesen Beispielen wird nicht rational argumentiert, was bei letzterem Fall richtig teuer werden kann. Man wird bei allen diesen Beispielen zum Kauf verführt, gehen Sexualität und Ökonomie eine enge Beziehung miteinander ein – auch und gerade wenn es um die Ehe geht. In den Kluften der schwachen Verführung operieren die Individuen, organisieren sie ihr Leben, auch sexuell ökonomisch, ohne dabei allerdings notwendigerweise Opfer zu werden. Vielmehr – werden manche

---

[1] Georg Simmel, Briefe 1912-1918 – Jungendbriefe, Gesamtausgabe Bd. 23, Frankfurt/M. 2008, 74

sagen – dass es sich dann um Täter handelt. Aber dann muss man die Taten im Einzelfall genauer analysieren.

Sexuell zu kommunizieren, Sexyness zu demonstrieren, mag im Iran und in Saudi-Arabien verboten sein, in der westlichen Welt ist es das nicht. Wie jede Sprache hängt diese Kommunikation von den Mitmenschen ab, muss man mitsprechen. Aber dabei lassen sich individuelle wie ökonomische Zwecke verfolgen und Erfolge erzielen. Das zu beklagen, erscheint sinnlos, vor allem aber alle jene bevormundend, die dieses Spiel spielen. Fromme möchten denn auch solche Spiele am liebsten verbieten und tun es, wenn sie können – wie im Iran. Aber sie sind nicht gezwungen mitzuspielen – müssen sie dafür auch gelegentlich ein Opfer bringen, die aber ständig notwendig sind, wenn man ökonomisch und gesellschaftlich unterwegs ist.

Derart demonstriert die Sexualität Macht, die für Baudrillard ausufert: „In diesem Sinne kann man sagen, dass alle Diskurse zu Verführungsdiskursen geworden sind, in die sich die explizite Forderung nach Verführung einschreibt, einer kraftlosen Verführung jedoch, deren geschwächter Prozess zum Synonym vieler anderer geworden ist: Manipulation, Überredung, Vergütung, Stimmung, Begehrensstrategie, Beziehungsmystik, eine sanfte Transferökonomie, die aufkam, um die andere Ökonomie, die Ökonomie der Konkurrenz der Kräftebeziehungen abzulösen."[1] Wenn man bei diesen Sachverhalten von Verführung sprechen will, muss man zugestehen, dass sich in diese Diskurse eine sexuelle Symbolik eingeschlichen hat. Das ist auch durchaus anzunehmen, müsste man nur beispielsweise mal die Unternehmenskultur in Deutschland und Iran in Bereichen vergleichen, wo Frauen beschäftigt sind. In der Bundeswehr werden sexuelle Übergriffe beklagt, seit Soldatinnen Dienst tun. In

---

[1] Baudrillard, Von der Verführung, 248

einer reinen Männerwelt wurde die Sexualität versteckt. Der Iran versucht das in einer gemischten Welt, beanspruchen Frauen in Iran längst die Teilhabe an der Männerwelt.

Die Sexualisierung und Emotionalisierung des Kapitalismus

In der Kommunikation zwischen Frauen und Männern – zumeist aber nicht bei Eheleuten – spielt die Verführung bzw. die sexuelle Dimension immer mit, gerade wenn sie unterschwellig bleibt. Die Emanzipation – auch wenn das Feministinnen gerade nicht beabsichtigen – hat zu einer Verstärkung und zu einer Verbreitung der Verführungsstruktur in vielen Bereichen beigetragen. Fast kann man sachlich nicht mehr argumentieren. Aber in jede sachliche Rationalität mischen sich ideologische oder religiöse Momente bei, so dass die Einsicht in die Verführungsstruktur einen aufklärerischen Charakter besitzt.

Und selbst dort, wo sich die Individuen der Sexualität ausgeliefert sehen, wo sie sich zur Sexyness gezwungen fühlen bzw. benachteiligt, wenn sie sich dieser entziehen, erweist sich Sexyness im Sinne der Kommunikation nicht bloß als oppressiv, sondern auch als produktiv. Denn die Ausbreitung der Sexualität seit den Anfängen des letzten Jahrhunderts hat den Kapitalismus nicht unberührt gelassen. Wenn Sexualität Kommunikation ist, wirkt das zweifellos auch auf die gesamte stattfindende Kommunikation zurück, auch als Verführungsstruktur. Sexualisierung fördert derart nicht die rationale, distanzierte, kühle Kommunikation, sondern eine eher emotional aufgeladene und affizierende Kommunikation.

So folgt auch Eva Illouz in ihrem Buch *Gefühle in Zeiten des Kapitalismus* keineswegs jenen Theorien, die behaupten mit der Entwicklung des Kapitalismus breite sich eine kalte, gefühllose Welt aus, die von Prinzipien der Rationalisierung beherrscht wird. Im Gegenteil, nicht zuletzt die Psychoanalyse freudscher Prägung hat längst Einzug in die Mitarbeiterrekrutierung der Unternehmen gehalten. Verkaufspersonal, das bei seiner Einstellung anhand von Tests seine emotionale Kompetenz beweisen muss, erhöht den Umsatz. Ergo, wer über emotionale Kompetenz verfügt, hat bessere Berufsaussichten. So begreift man in den kapitalistischen Wirtschaftsunternehmen, dass emotional engagierte Kommunikation die Geschäfte und die Arbeit fördert. Emotional kompetente Mitarbeiter können Güter besser verkaufen oder schaffen ein besseres Betriebsklima, das motivierend auf die Umwelt wirkt. So stellt Eva Illouz fest: „Der emotionale Kapitalismus hat die emotionalen Kulturen neu geordnet, indem er das ökonomische Selbst emotionaler und die Emotionen instrumenteller machte."[1] Der Kapitalismus ist somit für Illouz nicht schlicht rationaler geworden, sondern vor allem emotionaler.

Psychoanalyse und Psychologie treiben diesen Prozess der Emotionalisierung an. Während sich Emotionalität im 19. Jahrhundert weitgehend auf die familiären Beziehungen beschränkte, hat sie heute in Beruf und Öffentlichkeit einen zentralen Ort für den sozialen Aufstieg gefunden, der sich dadurch in die ökonomische wie gesellschaftliche Entwicklung eines emotionalen Kapitalismus einklinkt. Das erscheint pessimistisch. Doch Eva Illouz weist weniger daraufhin, dass diese Emotionalisierung fatale, als vielmehr keine gewissen positiven Folgen nach sich zieht, was man ja auch nicht voraussagen kann. Letztlich hängt es vom Umgang des Einzelnen mit Internet, Therapie oder Berufswelt ab, daraus einen Nutzen zu ziehen. Allemal erweist sich in einem derart postmodernen, nicht mehr rein rational operierenden Kapitalismus

---

[1] Illouz, Gefühle in Zeiten des Kapitalismus, Frankfurt/M. 2006, 41

eine emotionale Kompetenz als unabdingbar, die sich zweifellos auch wieder mal ungleich verteilt. Jedenfalls ist diese emotionale und sexualisierte Kommunikation, zu der auch Sexyness gehört, produktiv im ökonomischen wie im individuellen Sinn. Das übt Druck aus auf jene, die dazu weniger in der Lage sind, die sich nicht sexy stylen oder die sich nicht in der Lage sehen, ihre Gefühle in Kommunikationen einzubringen. Aber es bietet anderen Chancen, die zu solcher Kommunikation fähig sind. Emotionale Kommunikation muss auch nicht sexualisiert ablaufen.

Doch nicht nur derart lässt sich die Macht der Sexualität ökonomisch wie individuell ausnützen. Wie im sechsten Kapitel demonstriert ist die Sexualität ein mediales Ereignis. Ohne Medien hätte es sie wahrscheinlich nicht gegeben, eben nicht in der Form wie sie heute vorliegen. Denn Medien kommunizieren mit Bildern, die die sexuelle Kommunikation schließlich prägen, auch wenn es um Kosmetik und um Mode geht. Daher bestimmen die Medien in einem erheblich stärkeren Maße über die Sexualität als die Individuen, die sich an diese vorgegebenen Bilder anpassen müssen.

Medial erweist sich Sexyness als sehr produktiv und als sehr nützlich, weil sie sich in den Dienst anderer Zwecke nehmen lässt. Um Fortpflanzung und um den sexuellen Akt aber geht es dabei nicht. Damit wirbt Sexualität als machtvolle Kommunikation nur hintergründig, wobei fast immer ein schaler Nachgeschmack zurückbleibt. Denn mit sexueller Befriedigung hat der Kauf von Winterreifen wenig zu tun, auch wenn auf dem Werbeplakat eine fast nackte Dame mit gespreizten Beinen vor profilstarken breiten Reifen zu sehen ist. Sexualität als Kommunikation – wie Sexyness – ist immer Mittel, niemals Selbstzweck und insofern auch nicht besonders lustig – aber immerhin eine gewisse Form der Ästhetisierung der Alltagswelt und zwar als Sexualisierung. Man kann darüber streiten, ob religiöse Motive – die Jungfrau Maria mit dem Kind – ästhetischer sind, religiöser sicher.

Religiöser oder säkularer Widerstand gegen die Sexualisierung

Das Individuum vermag sich der ökonomischen, medialen Macht der Sexualität trotzdem auf zweierlei Weise zu entziehen. Es kann auf die traditionelle christliche oder islamische, etc. Moral der Verdrängung libidinöser Erregung setzen und sich darum bemühen, einen Code zu befolgen, der sexuelle Erregungen kontrolliert, umlenkt oder gleich meidet, um sich beispielsweise von den Medien nicht affizieren zu lassen. Zunächst scheint es sich dabei indes nicht um Akte der Mündigkeit zu handeln, sondern um eine Form der Unterwerfung. Man akzeptiert, dass man dem Satan hilflos ausgeliefert ist und flüchtet sich davor in den Gehorsam gegenüber dem göttlichen Gesetz. Man überlegt nicht selbst, wie man sich der medialen oder ökonomischen oder auch triebhaften Macht der Sexualität entziehen oder mit ihr geschickt umgehen kann. Man schützt sich dadurch, dass man anderen Menschen gehorcht. „In der christlichen Moral des sexuellen Verhaltens", schreibt Foucault, „wird die ethische Substanz nicht durch die *aphrodisia* definiert, sondern durch einen Bereich von Begierden, die sich in den geheimen Kammern des Herzens verbergen, und eine Menge von Akten, die in ihrer Form und in ihren Bedingungen genau festgelegt sind; die Unterwerfung wird nicht die Form einer Geschicklichkeit annehmen, sondern die einer Anerkennung des Gesetzes und eines Gehorsams gegenüber der pastoralen Autorität; nicht so sehr die vollkommene Beherrschung seiner durch sich in der Ausübung einer männlichen Tätigkeit wird das Moralsubjekt charakterisieren, sondern eher die Selbstverleugnung und eine Reinheit, die ihr Vorbild in der Jungfräulichkeit findet."[1] In einer tief religiös geprägten Welt bedeutet eine solche Kontrolle der Sexualität bloße Unterwerfung. Es gibt dazu gemeinhin auch keine Alternative. Nur dass man sich entweder darein schickt oder dass man sich dazu gezwungen sieht.

In einer säkularisierten Welt funktioniert dieses Modell selbstverständlicher Unterwerfung nicht mehr, sondern verlangt vom Individuum eine eigene Aktivität, die dieses Individuum dann auch ein Stück weit mündig werden lässt. Das Individuum muss sich selber dafür entscheiden, sich einem Code zu unterwerfen und kann diese Unterwerfung auch wieder beenden. Der moderne säkulare demokratische Staat – darauf weist John Rawls hin – zwingt heute niemanden mehr in eine bestimmte Religion. Soweit der Islam die Abkehr seiner Gläubigen nicht akzeptiert, bleibt er noch vormodern und undemokratisch. In einer demokratischen Welt muss der Islam Atheismus, Agnostizismus, Säkularismus bei jenen akzeptieren, die Muslime waren oder sich trotzdem weiterhin so bezeichnen.

So nähert sich heute der Gläubige im Umgang mit der Sexualisierung als öffentliche Kommunikation den Praktiken der weltlich Orientierten an, die sich natürlich auch mit einer gefährlichen Macht konfrontiert sehen und daher sich nach anderen Möglichkeiten des Umgangs mit der Sexualisierung umschauen, die sich gerade nicht einem Code religiöser ethischer Normen unterwerfen wollen. Diese Praktiken lassen sich durchaus mit jenen vergleichen, mit denen der antike Grieche den *Gebrauch der Lüste*, also die sexuellen Akte zu steuern versuchte. Man soll sich der Lüste bedienen, aber nicht deren Sklave werden, diesen also nicht hilflos ausgeliefert sein. So

---

[1] Foucault, Der Gebrauch der Lüste – Sexualität und Wahrheit Bd. 2 (1984), Frankfurt/M. 1989, 121

stellt Foucault fest: „Wenn Aristippos, ohne aufzuhören, sich der Lüste zu ‚bedienen', selber wollte, dass man darauf achte, sich von ihnen nicht hinreißen zu lassen, so liegt der Grund dafür nicht darin, dass die sexuelle Betätigung ein Übel wäre; auch nicht darin, dass sie von einem kanonischen Modell abzuweichen drohte. Sondern darin, dass sie von einer Kraft, von einer *enérgeia* rührt, die von sich aus zum Übermaß treibt."[1]

Die Macht der Sexualität als Sexualtrieb, als Verlockung, als Lustversprechen verlangt in der Antike eine Gegenmacht, will sich das Individuum dieser Macht zunächst entziehen, um diese Sexualität dann anders als der Gläubige auch entsprechend zu gebrauchen. Wenn man dieses Modell auf die heutige Situation überträgt, dann muss der Zeitgenosse dadurch eine individuelle Gegenmacht zur Sexualisierung entwickeln, indem er sich wie beim antiken Problem des Gebrauchs der Lüste auf die Askese stützt, um sich selbst der Macht sexueller Zeichen zu entziehen. So versucht er sich davon nicht erregen zu lassen, um umgekehrt ebenfalls wie beim Gebrauch der Lüste diese sexuellen Zeichen genießen zu können, also den roten Mund der Bankerin, ohne ihr abzukaufen, was der rote Mund ihm empfiehlt.

Die junge Jüdin und der SS-Mann

Andererseits wenn sich das Individuum der Sexualität als Kommunikation bedient, sieht es sich dabei zwar immer mit der Kritik konfrontiert, dazu sei es in einer sexualisierten Welt gezwungen und daher auch entfremdet. Doch gerade an jenem zitierten Argument Kants zeigt sich, dass hier ein rationaler Anspruch gegenüber dem Individuum formuliert wird, der seine sexuellen Interes-

---

[1] Ebd., 68

sen gerade nicht berücksichtigt, der vielmehr die Geschlechtsorgane als menschheitlichen Besitz und nicht als individuellen versteht, und sich daher vom Individuum einen bestimmten Gebrauch zu verlangen berechtigt sieht, ein Gebrauch, der primär auf Nachwuchs und deren Aufzug abzielt, der sich dabei aber auf das Eigentumsrecht stützt.

Doch entfremdet erscheint ein sexuell kommunizierendes Individuum nur, wenn seine Sexualität ein allgemeines Gut wäre, das nicht ihm gehört. Wenn ihm ein Teil seiner selbst indes nicht gehört, dann – um mit Kant zu argumentieren – gehört sich der Mensch überhaupt nicht selbst – was ja von an der Gemeinschaft orientierten Radikalen auch behauptet wird. Genau dagegen aber lehnen sich die Individuen auf. Wenn Sexualität aber nicht primär ein Körperteil ist, sondern eine Sprache, dann gehört sie in der Tat niemandem, kann das Individuum mit solcher Symbolik aber spielen, wie es will, auch beim Lüstespiel. Eine Sprache ist nämlich kein allgemeines Gut, sie gehört niemandem. Sie existiert nur dadurch, dass sie von Individuen gesprochen wird. Selbst wenn man dem Individuum ein natürliches Wesen unterstellt, muss es dieses Wesen nicht realisieren. Es kann sich jeder Natur verweigern, auch dem Sexualtrieb, wie just das Zölibat bestätigt.

Im Streit zwischen einer traditionellen christlichen und gemeinschaftsorientierten Ethik und dem Anspruch auf individuelle Selbstbestimmung gerade im Umgang mit Sexualität, also im Streit um die Sexualmoral, den Schelsky ja der Öffentlichkeit nicht von ungefähr nicht zugestehen möchte, spielt der sexuelle Akt noch eine wichtige Rolle. Wenn sich die Privatisierung des sexuellen Spiels jedoch weiterhin durchsetzen sollte, wenn Sexualität zunehmend als Sprache begriffen wird, dann wird dieser Streit langsam erlahmen.

Doch schon jenseits dieses Streits ist die antike Askese heute viel wichtiger für den Umgang mit dem Sexualitätsdiskurs in der Öffentlichkeit, bei dem es ja nicht um sexuelle Spiele und die Lüste geht, sondern um die Verführung zu ganz anderen Handlungen, eben dem Kauf von Waren und Dienstleistungen oder zur Annahme anzüglicher Angebote. Gerade angesichts der Sexualisierung ist eine Askese notwendig, die nicht den Zweck hat, sich einer allgemeinen Norm zu unterwerfen: Man lässt sich nicht zum Autokauf verleiten, um die Umwelt zu schonen, sondern um seine Mündigkeit zu verteidigen. Bzw. von Leuten, die mit allen Tricks probieren, mich zu Kauf zu bewegen, kaufe ich nichts, selbst wenn ich das angebotene Gut gerne hätte, es hoch ökologisch wäre und es woanders nicht zu bekommen ist. Dann entscheide ich selbst, was ich wann und wo kaufe. Deswegen ist für den mündigen Bürger auch gegenüber den Medien äußerste Zurückhaltung geboten, darf man bezweifeln, dass derjenige noch mündig genannt zu werden verdient, der beispielsweise die Boulevardpresse liest oder ständig Fernsehen anschaut.

Wieweit ansonsten der Zwang einer sexualisierten Welt reicht, darüber kann man streiten. Das Individuum bedient sich der Sexyness jedenfalls auch zu eigenen Zwecken, sei es zur Partner- oder Freiersuche wie zum Kundenfang oder auch bloß um Beachtung zu finden und um bewundert zu werden. Mit Sexyness zieht man die Blicke auf sich, kann allein schon diese genießen, wie man diese Aufmerksamkeit in vielfältiger Hinsicht ausnützen kann, und zwar sowohl aus privaten wie aus ökonomischen Motiven. Ein Filmstar – ich habe vergessen welcher –, so berichtete vor längerem eine Zeitung, kleidete sich mal dick und hässlich und betrat ein großes Hotel. Niemand schaute sich nach ihr um, was sie ganz unerträglich fand.

Oder aus politischen Motiven; ein Beispiel dafür liefert Baudrillard: „ein SS-Mann der Konzentrationslager zwingt ein junges jüdisches Mädchen, vor dem Sterben vor ihm zu tanzen. Sie tut dies, und während sie tanzt und den SS-Mann in Bann schlägt, nähert sie sich ihm entwendet ihm seine Waffe und tötet ihn."[1] Die Macht der der Sexyness individuell instrumentalisiert, ein Beispiel, das gerade nicht die Macht der Lüste, als vielmehr die Macht der Sexualität als Kommunikation, also als Sexyness demonstriert.

---

[1] Baudrillard, Von der Verführung, 175

8. Kapitel
Sexualität und Emanzipation

„Je gebildeter die Frauen, desto unfruchtbarer ist eine Nation"

Hat diese Macht der Sexualität ein Geschlecht? Oder welches Geschlecht entfaltet im Zug der Sexualisierung mehr Macht, das männliche oder das weibliche? Nein, man macht es sich zu einfach, wenn man im Stil von Illouz die Männer als Gewinner der Sexualisierung sieht, die jetzt Frau und Kinder nicht mehr ernähren müssen, die sich familiärer Verantwortung entziehen können und die sich in serieller sexueller Praktik ausleben. Auch die Frauen entfalten durch die Sexualisierung mehr Macht, und zwar im Zuge der Emanzipation. Wie ja auch Kaufmann und Illouz wider Willen unterstreichen, sind die sexuellen Spielräume für Frauen durch das Internet größer geworden – gleichgültig ob sie diese immer ausnützen oder manchmal von diesen auch behindert werden.

Doch nicht erst dadurch. Wie schon Else Jaffé oder Simone de Beauvoir vorführen, erweitert sich der sexuelle Spielraum von Frauen bereits in der ersten Hälfte des 20. Jahrhunderts, was sich im Zuge der unruhigen sechziger Jahre beschleunigen wird. Die Generation der siebziger Jahre, die dann dezidiert feministisch für Emanzipation eintritt, gibt das vielleicht noch weniger zu. Sie sehen in der Sexualisierung einen verschärften patriarchalischen Prozess, der Frauen nur ein weiteres Mal unterwirft und Männern zur freien Verfügung stellt, ähnlich wie Pasolini diesen Prozess noch als Nachteil für die Homosexuellen begreift. Doch sehr schnell lassen sich das viele Frauen nicht mehr gefallen und die folgenden Generationen sind von der Last einer unvermeidlichen Ehe befreit und leben ihre sexuellen Wünsche – ob als Kommunikation oder als Spiel der Lüste – weitgehend nach ihren Vorstellungen. Sie müssen nicht mehr besonders feministisch sein, um sich zu emanzipieren. Es gibt für sie keine Menschenpflicht zum Gebären – wie indirekt noch bei Kant. Aber mit den neuen Möglichkeiten müssen sie lernen umzugehen, d.h. sie müssen kommunizieren, wenn möglich emotional oder sexy.

Zudem klinkt sich die emanzipierte Frau in den Prozess der Sexualisierung im Dienst ihres Berufes und der Wirtschaft ein. Denn die berufstätige Frau stylt sich häufig und bedient sich ihrer sexuellen Reize, der Sexyness vornehmlich in der Öffentlichkeit, d.h. für sie im Beruf. Die weibliche Macht der Sexualität steht in der Tat primär im Dienst der Ökonomie der Frau wie auch des Kapitalismus. So verknüpft auch Norbert Bolz Emanzipation und Ökonomie: „Je erfolgreicher die Wirtschaft und je gebildeter die Frauen, desto unfruchtbarer ist eine Nation. Frauen verdienen mehr und gebären weniger. Die Emanzipation der Frau vollzieht sich als Entwertung der Mutterschaft und der Männlichkeit. Männer und Frauen leben das gleiche Leben. Doch dafür müssen auch gerade die erfolgreichen Frauen ihren Preis entrichten. Karrierefrauen tendieren nämlich zur genetischen Impotenz. Denn je höher sie auf der Karriereleiter steigen, umso unwahrscheinlicher wird es, dass sie heiraten und Kinder bekommen. Das bedeutet aber, dass sie nur wenig zum Gen-Pool beisteuern."[1] Kapitalismus und Emanzipation spielen derart zusammen und befreien von nationalistischen Obsessionen à la Bolz oder dem völkisch rassistischen Denken. Denn genetische Impotenz ist kein individuelles Problem und ein Gen-Pool ist eine – vielleicht wissenschaftliche – Erfindung, um die sich weder der

---

[1] Bolz, Die Helden der Familie, 67

Planet dreht noch der einzelne Zeitgenosse kümmern muss. Umgekehrt Frauen, die häufig gebären, erleben dabei zumeist eine familiäre wie ökonomische Abhängigkeit. Wenn sie stattdessen von ihrem Arbeitgeber abhängig sind, so handelt es sich dabei um eine neutrale Abhängigkeit, weniger um eine persönliche. Den Arbeitgeber kann man leichter wechseln als den Ehemann. Die Kinder bleiben allemal.

In der Tat spielt bei der Emanzipation der sexuelle Akt gerade keine entscheidende Rolle. Es geht bei den Kontrazeptiva und der Abtreibung weniger um unbehinderte Lust, um freien Gebrauch der Geschlechtsorgane als vielmehr um die freie Verfügung für den Arbeitsmarkt oder über sich selbst. Das will der Arbeitsmarkt – wenn diese Subjektivierung zulässig ist – bzw. die Wirtschaft. Das wollen Gewerkschaften, damit sie besser für gleichen Lohn unabhängig vom Geschlecht kämpfen können. Wenn Norbert Bolz vom „double income, no sex" spricht, dann bestätigt er indirekt, dass Sexualität unter Bedingungen von Sexyness nichts mit dem Spiel der Lüste zu tun hat.

Das entspricht aber auch dem Interesse der betroffenen Frauen, die ihr Leben selber gestalten können und sich nicht mehr unbedingt familiär ausrichten müssen: die moderne Heterosexualität unterwirft und zwingt eine bestimmte Lebensform auf – da haben Pasolini und Foucault in den siebziger Jahren Recht. Die sexuelle Aktivität innerhalb der Familie führte im 19. Jahrhundert zu einer schier unglaublichen Geburtenzahl, die zu Lasten der gebärenden Frauen ging. Wenn sich Frauen davon befreien wollen, bringt das zunächst trotz Kontrazeptiva eine geringere sexuelle Aktivität mit sich. Abgesehen davon interessieren sich berufstätige Frauen eben auch für ihren Beruf, nicht nur für Kinder oder für Lüstespiele, bzw. wenn für Sexualität dann eben stärker im Sinne von Sexyness, also für ihr eigenes Styling – was für Traditionalisten und Kommunisten natürlich egoistisch ist, es sei denn es handelt sich um Salonbolschewisten. Aber deren Haltung impliziert einen selbstgemachten und proklamierten Gruppen- oder Menschheitsegoismus, der letztlich der Egoismus ihrer Macher ist, den sie anderen aufzwingen wollen, die andere also diskriminieren. Aber es gibt ein allgemeines Gebot, etwas zum Gen-Pool beizusteuern, kann man genetische Impotenz auch als allgemeinen Vorteil betrachten, indem man für die globale Bevölkerungsvermehrung nicht verantwortlich zeichnet. Hat der chinesische Staat etwa Recht, wenn er den Beitrag zum Gen-Pool restringiert? Liberal wäre wohl eher, dass jedem anheim zu stellen, die Vorstellungen der Zeitgenossen nicht zu beschneiden, d.h. letztlich auszuschließen. Jedenfalls muss man sich weder für die Nation noch für die Menschheit interessieren, für den Gen-Pool schon gleich gar nicht – handelt es sich dabei wohl eher um eine Erfindung eines konservativen Medienwissenschaftlers, der seine eigene Lebensform mit Hausfrau und vier Kindern glaubt rechtfertigen zu müssen, was gar nicht nötig wäre. Aber er hält sie anderen als Vorbild vor und es fragt sich was er täte, hätte er die Macht diese Lebensform allgemeinverbindlich durchzusetzen. Würde er darauf im Sinn von John Rawls übergreifendem Konsens verzichten, weil es sich nicht gehört, anderen die Lebensformen vorzuschreiben? Oder würde er sich auf die höchsten Überlebensinteressen der Menschheit berufen, um ausschließende Eingriffe in die Sozialstruktur zu legitimieren?

Die weibliche Macht der Sexualität im Zeitalter der Emanzipation

Dass die Macht der Sexualität im Zeitalter der Emanzipation weiblich ist, das bestätigt auch Eva Illouz. Die Männer müssen vielleicht nicht unbedingt ihre Sexualität betonen, um dadurch zu kommunizieren. Sie brauchen sich dabei auch nicht unbedingt feminin geben. Aber das Bild des harten, gefühllosen Mannes ist erheblich weniger gefragt; wie monierte doch Bolz: ‚Entwertung der Männlichkeit'. Wenn sich – um ein kleines Beispiel anzuführen – Frauen bei der Begrüßung umarmen, werden dabei gemeinhin auch weibliche sexuelle Signale ausgesendet. Zumindest in bestimmten Kreisen folgen Männer diesem weiblichen Beispiel. Ob sie dabei sexuelle Signale aussenden, hängt auch vom Empfinden des Empfängers ab. Vermutlich ist das aber erheblich seltener. Gerade in der sexuellen Kommunikation werden Signale häufig nicht verstanden, so dass die Kommunikation scheitert. Es wird eben gar nicht sexuell kommuniziert. Bei Sexyness ist das eher selten der Fall oder andernfalls hat sich jemand entweder nicht sexy gestylt oder der Signalempfänger bemerkt das wirklich nicht, aus welchen Motiven auch immer.

Insgesamt ist nicht nur das Benehmen der Zeitgenossen privat emotionaler geworden. Der Typus des preußischen Offiziers gilt schlicht als steif. Diese Emotionalisierung begreift Illouz zumindest im ökonomischen Bereich als eine Orientierung an weiblichen Werten: „Mit Hilfe der Aufforderung, unsere mentalen und emotionalen Kompetenzen einzusetzen, um uns mit dem Standpunkt der anderen zu identifizieren, bewegt das ‚kommunikative Ethos' das Selbst des Managers auf das Modell eines traditionellen weiblichen Selbstverständnisses zu. Genauer: Das Ethos der Kommunikation verwischt Geschlechtergrenzen, weil es Männer und Frauen dazu einlädt, ihre negativen Emotionen zu kontrollieren, freundlich zu sein, sich durch Augen der anderen zu sehen und ihnen mit Empathie zu begegnen."[1] Wer sich sexy stylt, muss sich durch die Augen der anderen sehen. So unterstreicht Sexyness Sartres Blicktheorie, nach man die Blicke der anderen braucht, um sich selbst zu sehen – eine ähnliche Position, die Jacques Lacan mit dem Spiegelstadium umschreibt. Oder gemäß der Ethik von Emmanuel Lévinas ruft man mit Sexyness den Anderen in die Verantwortung wie man selbst für den Anderen Verantwortung übernimmt – was der bedeutendste Ethiker des 20. Jahrhunderts so nicht sehen würde, hatte er doch eher eine traditionelle bzw. familiäre Einstellung zur Sexualität.

Diese Emotionalisierung wird durch die Sexualisierung ergänzt. Beides gehört strukturell zusammen, stellt einen durchgängigen Prozess dar, der sich in allen gesellschaftlichen Bereichen durchsetzt. Die Macht der Sexualität erweist sich derart dezidiert als weiblich, wiewohl sich der Kapitalismus seinerseits der weiblichen Sexyness bedient, was umgekehrt auch einen Zwang für Frauen darstellt. Frauen, die sich nicht stylen, erleben diese Entwicklung als eigenen Nachteil, auch und gerade in ökonomischer Hinsicht, können diesen jedoch emotionale durch kommunikative Kompetenz kompensieren, wie man es ja häufig beobachten kann.

Das gilt natürlich auch im familiären bzw. privaten Bereich, sind Sexualität und Familie längst auseinander getreten. Als Sexualität und Ehe noch zusammengehörten, in der Zeit davor, also etwa bis 1970, da boomten die Geburtenzahlen. Luhmann sieht 1969 trotz diverser Kritik die monogame Ehe keineswegs gefährdet und verweist auf die damals nicht nennenswert gestiegenen Schei-

---

[1] Illouz, Gefühle in Zeiten des Kapitalismus, 41

dungsraten: „Dieser Befund lässt darauf schließen, dass sich in einer aus Liebe geschlossenen Ehe stabilisierende Mechanismen entwickeln, die die Passion überdauern und sie in ein geregeltes Leben überleiten."[1] Es sollte bald anders kommen: Eheleute leben seither in der Risikogesellschaft, werden ca. zwanzig Jahre später Elisabeth Beck-Gernsheim und ihr Mann Ulrich Beck feststellen, dass just die Liebe die Ehe zerstört, weil sie von einer Beziehung zur nächsten weiterleitet.

Man könnte diesen Prozess auch als Entwicklung einer weiblichen Macht bezeichnen. Traditionell eingestellte Männer sehen sich häufig als die Emanzipationsverlierer. Manche junge Männer findet man dann in rechtsradikalen Kreisen wieder, die sich eine verstärkte Bevölkerungspolitik auf ihre Fahnen geschrieben haben. Aber auch andere kommen damit immer noch schlecht zurecht, so dass es sich um eine Macht weiblicher Sexualität handelt, der sich viele vornehmlich männliche Zeitgenossen nicht immer zu bemächtigen vermögen, die sich ihnen vielmehr häufig auch als Zwang des anderen Geschlechts präsentiert, können Männer wie Frauen genauso zu den Emanzipationsverlierern gehören: sind vielleicht solche Leute eine Gefahr für die Demokratie? Das scheint sich bei der AfD und Pegida zu bestätigen.

Wer sündigt nicht gerne: gerade mit westlicher Bildung!

Dieser Prozess der Sexualisierung vergrößert dabei die Unterschiede der westlichen Welt zu traditionellen Kulturen. Denn die verstärkte Emanzipation der Frauen seit den siebziger Jahren führt zu den sinkenden Geburtenraten, also jene Zeit der intensivierten medialen Sexualisie-

---

[1] Niklas Luhmann, Liebe – eine Übung (1969), Frankfurt/M. 2008, 58

rung wie des verstärkten Gebrauchs der Kontrazeptiva. Ob dergleichen die Macht der Sexualität langfristig stärkt, auch die Macht der Frauen, das wird sich noch zeigen. Frank Schirrmacher bleibt in dieser Hinsicht besonders skeptisch: Emanzipierte Frauen erfüllen nicht mehr ihre sozialen Aufgaben, die die Gesellschaften primär zusammenhalten. „Der Grad der Ausbildung einer Frau ist mittlerweile eine feste Größe für Kinderlosigkeit und die Verschiebung stabiler Partnerschaften. Arbeit vergrößert das Risiko von Kinderlosigkeit – sogar in stabilen Partnerschaften."[1] Familien entfalten grundsätzlich eine stärkere integrative Macht als eine Welt der Patchworkfamilien und der Single-Haushalte. In vielen Teilen der Welt operieren dagegen traditionelle Kulturen politisch mit einer hohen Geburtenrate, mit der sie speziell auf die westliche Kultur Druck ausüben. Daher begreifen die westlichen Feinde der Frauenemanzipation diesen Prozess als dominant und vor allem als kulturellen Niedergang, wird dergleichen in rechtsradikalen Kreisen verschwörungstheoretisch als angeblich geplanter Völkermord halluziniert – wenn es denn Völker außer in den Hirnen von Völkerverehrern geben würde.

Für solche Einschätzungen gilt, was Baudrillard umgekehrt als positive Perspektive der Verführung einschätzt, auch wenn er es sich so wahrscheinlich nicht vorstellte: „Wenn alles auf Verführung hinausläuft, dann gleichwohl nicht auf diese kraftlose, von der Wunschideologie überprüfte Verführung, sondern auf die duellhafte und antagonistische Herausforderungsverführung, das heißt auf einen maximalen, ja sogar geheimen Spieleinsatz und nicht auf die Spielstrategie, auf die mythische Verführung und nicht die psychologische und operatio-

---

[1] Frank Schirrmacher, Minimum – Vom Vergehen und Neuentstehen unserer Gemeinschaft, München 2006, 18

nelle, nicht auf die kalte und minimale Verführung."[1] Radikale Vertreter traditioneller Kulturen wie Islamisten führen daher gegen die westliche Kultur einen regelrechten Krieg, so wie die nigerianische Boko Haram, heißt das so viel wie ‚Westliche Bildung ist Sünde', wo man ihnen in jeder Hinsicht nur zustimmen kann: Sie löst traditionelle Strukturen auf, macht mit Bolz die Frauen unfruchtbar. Taliban greifen daher speziell Mädchenschulen an, genauso Islamisten im algerischen Bürgerkrieg in den neunziger Jahren: der Kampf der Gotteskrieger gegen die Sünder, für die es jedoch keine Sünde mehr gibt, sondern nur noch Verbrechen, nämlich andere zu diskriminieren. Und wer sündigt ansonsten nicht gerne?

Für die westlichen Gegner des Feminismus – heißen diese Norbert Bolz, Frank Schirrmacher oder Eva Herman – verführt die Emanzipation auf ähnlich brutale Weise, zerstört sie die Familie, die die Gesellschaft zusammenhaltende Emotionalität von Frauen und demotiviert gebärfreudige Frauen. Und Männer lassen sich bereitwillig auf diesen Prozess ein, der sie von den Vaterpflichten entlastet. Denn die Emanzipation der Frauen seit den siebziger Jahren kann man als einen strukturellen Prozess verstehen, dem Frauen wie Männer zwar ausgeliefert sind, an dem sie aber auch bewusst partizipieren, wenn Männer wie Frauen sich dem Dienst am Nachwuchs entziehen.

Wenn die weibliche Sexualität trotzdem eine Macht entfaltet, heißt das nicht, dass das Patriarchat gebrochen wäre, im Gegenteil. Die Macht hat keine weibliche Sexualität, wiewohl sich die Macht der Sexualität als Kommunikation bedient, und zwar zumeist der weiblichen. Trotzdem kann man gewisse Fortschritte der Emanzipation diagnostizieren und selbstredend darüber streiten, ob Frauen, die ihre Sexualität zeigen, dadurch Opfer oder

---

[1] Baudrillard, Von der Verführung, 249

Täter sind, ob sie selbstbestimmt kommunizieren oder mit ihnen kommuniziert wird, ob sie mit den Lüsten spielen oder ob die Lüste mit ihnen spielen.

Ein neuer Mythos entsteht, derjenige einer Frau, die verführerischer und durchsetzungsfähiger als Männer ist, auch wenn mächtige Frauen nicht gerade auf der Welle der Sexualisierung schwimmen – man denke an Margret Thatcher oder an Lady Diana, sondern noch primär auf dem der Emanzipation. Aber längst müssen alle Parteien sich diesem Druck anpassen und die Frauen sozial und ökonomisch stärken: Mit der Emanzipation und im Zuge der Sexualisierung weitet sich die weibliche Macht, wiewohl sie natürlich unter den Frauen recht ungleich verteilt ist und es keine Gruppe gibt, die man als ‚die Frauen' bezeichnen könnte.

Baudrillard gehört nicht unbedingt zu den Freunden dieses Prozesses. Denn für ihn „geht das Sexualobjekt über den Sex hinaus und gelangt zur Ordnung der Verführung. Es wird wieder zum Zeremonial. Das Weibliche war zu allen Zeiten Bild dieses Rituals, und es liegt eine bedenkliche Verwirrung darin, es als Kult-Objekt entheiligen zu wollen, um es als Produktions-Subjekt einzusetzen, es dem Bereich des Kunstgriffs entreißen zu wollen, um es der Natürlichkeit seines eigenen Begehrens anheimzugeben."[1] Das Sexualobjekt bzw. die Frau verkörpert die Sexualität selbst, die sich gerade nicht auf die sexuellen Spiele beschränkt. Verführung ist denn auch etwas anderes als sexuelle Praktik, als der *Gebrauch der Lüste*.

Bisher war der Mann der Verführer, der zumeist immer nur das Eine wollte, es sei denn er schwindelte und dann wollte er immer nur das Andere, nämlich die Äquivalenz für das Eine, das Geld der Frau. Die sexualisierte, nicht die schöne Frau hat diesem Verführer längst diesen

---

[1] Baudrillard, Von der Verführung, 129

Rang abgelaufen. Die schöne Frau ließ sich verführen, die sexualisierte verführt ihrerseits und sei es via Internet: ‚Schau Dir meine Bilder auf Facebook an!' Nacktfotos? Die sexualisierte Frau entheiligt kommunikativ die schöne, eben durch Sexyness. Sie ist selber Subjekt des Geschehens, aber natürlich auch Subjekt im Sinne von ökonomischer Produktion: Die Macht der Sexualität ist weiblich und mischt sich überall verführend ein, ob politisch, ökonomisch, sozial, sportlich, intellektuell, wissenschaftlich und privat allemal.

Jetzt tritt sie als begehrende auf, die sich nicht mehr verstecken muss, die ihre Wünsche nicht mehr verheimlicht. Für Baudrillard scheint das eher ein negativer Prozess zu sein, der als kulturelle Depravation begriffen wird. Auch viele Feministinnen sehen darin eher die Anpassung der Frauen an die männliche Ordnung. Aber vielleicht ist es mit dieser Ordnung doch nicht mehr so weit her. Oder es dauert viel länger, bis sich solche Strukturen nachhaltig verändern. Zuerst müssen Frauen sich ihrer bemächtigen. Aber womöglich bemächtigen sich die Strukturen der Frauen. Trotzdem öffnen sich damit für viele Frauen größere Spielräume als zuvor in ihrer traditionellen Rolle als Hausfrau, Nonne oder alte Jungfer. Möchte jemand allein diese Alternativen haben?

Sexualität als Spiel, als Parodie, als Option, als Nichts

Welche Sexualität hat die Macht? Vielleicht doch nicht unbedingt die weibliche. Vielmehr verändert die Auflösung traditioneller sexueller Ordnungen die Gesellschaft. Wenn Sexualität nichts mit Fortpflanzung zu tun hat, auch höchstens sekundär mit sexuellen Akten, sondern primär mit Kommunikation und zwar in jeder Form und auf jeder Ebene, dann lässt sich mit der Sexualität auch kommunikativ spielen, handelt es sich um eine Form der Rhetorik, gerade nicht um einen Primärprozess, sondern eben um Sexyness. Für Judith Butler muss man die sozial zugewiesene Geschlechtsidentität nicht übernehmen. Die Transgender-Bewegung setzt das in die Tat um. Gender ist kein Schicksal, nicht das eigene tiefere Wesen. Und damit wehren sie sich gegen Sexyness als Kommunikation, wollen sie gerade jenseits von Geschlecht kommunizieren.

Transsexuelle dagegen meinen häufig im falschen Körper zu leben und möchten in das andere Geschlecht schlüpfen. Im Sinne Butlers hätte eine Geschlechtsumwandlung gerade nicht den Sinn, die wahre Identität herzustellen, sondern nur um mal zu probieren, wie es sich mit dem anderen Geschlecht anfühlt, und nicht nur zwischen den Beinen, sondern kommunikativ, wie Ivan Illich die Geschlechterordnung retten wollte und auf wenig Gegenliebe dabei stieß: „Genus ist in jedem Schritt, in jeder Geste, und nicht nur zwischen den Beinen."[1] Recht hat er, Genus ist im weiteren Sinn Sexyness.

So lässt sich sexuell auf unterschiedliche Weise kommunizieren. Nicht nur Frauen können sie verschieben, ironisieren, parodieren. So schreibt Judith Butler: „Die parodistische Wiederholung der Geschlechtsidentität deckt zudem die Illusion der geschlechtlich bestimmten Identität (*gender identity*) auf, die als unergründliche Tiefe und innere Substanz erscheint. Als Effekt einer subtilen und politisch erzwungenen Performanz ist die Geschlechtsidentität gleichsam ein ‚Akt', der für Spalten, Selbstparodie, Selbstkritik und hyperbolische Ausstellungen ‚des Natürlichen', die gerade in ihren Übertreibungen

---

[1] Ivan Illich, Genus – Zu einer historischen Kritik der Gleichheit (1982) Reinbek 1983, 46

ihren grundsätzlich phantasmatischen Status offenbaren, offen ist."[1] Μετωνυμίες!

Wenn man mit dem Geschlecht spielt – mögen das Psychotherapeuten auch für unmöglich halten, da ihnen das Geschlecht als Primärprozess schier tödlich anmutet –, dann konstruiert man eine andere als die vorgegebene politische Form von Gender, die gar nicht mehr besonders auf die Identität aus sein muss. Sie findet sich gerade auch in den Medien, in denen Identitäten ständig konstruiert und präsentiert werden, was die Individuen auf andere Weise in ihrem Privatleben nachahmen können – man denke an Figuren wie Michael Jackson, schwule und lesbische Medienstars, die sich outen, an Fernsehshows diverser Couleur, in denen sich Menschen von der Straße äußern oder in denen sich Stars verrückt präsentieren. Eigentlich ist dadurch sexuell kommunizierend alles möglich, lässt sich alles verschieben.

Eine solche Veränderung diagnostiziert George Steiner bereits 1972: „Und noch jüngeren Datums ist die Aufspaltung unserer Anschauungen im sexuellen Bereich. Die Typologien der Frauenbefreiung, der neuen, national wie sozial sich nahezu prahlerisch gebärenden Homosexualität (sonderlich in den Vereinigten Staaten) sowie des ‚Unisex' weisen auf eine tiefgreifende Neuordnung oder auch Desorganisation von seit langem etablierten Schranken hin. 'So loosly disally'd', um <John> Miltons beredte Wendung zu gebrauchen, stehen Männer wie Frauen heute im Begriff, sich nicht nur auf das neutrale Terrain der Aufhebung aller Unterschiede zu manövrieren, sondern auch auf eines der austauschbaren Rollen – der ihnen auf den Leib geschneiderten wie der psychologischen, und zwar sowohl im Hinblick auf die ökonomischen als auch auf die erotischen Funktionen, die vordem

---

[1] Judith Butler, Das Unbehagen der Geschlechter (1990), Frankfurt/M. 1991, 215

so säuberlich voneinander geschieden waren. (. . .) Es wird weithin die Meinung verfochten, das Ausmaß der gegenwärtig spürbar werdenden gesellschaftlichen Veränderung sei ohne Beispiel und die über alle Alters-, Geschlechts- und Rassengrenzen hinweg wirksamen Metamorphosen und Vermischungen vollzögen sich rascher als je zuvor."[1] Nicht nur dass Steiner damit Butlers Perspektiven antizipiert. Seine durchschimmernde Skepsis dieser Einschätzung gegenüber ist längst widerlegt - natürlich nicht, wenn man damit wie Bolz und Schirrmacher den Untergang des Abendlandes assoziieren.

Die Sexualität hat sich verändert und zwar als eine andere offene sexuelle Kommunikation, die selbstredend für alle jene unerfreulich ist, die sich dieser Sprache nicht bedienen wollen oder können. Aber Sexualität ist als Kommunikation allemal kein Primärprozess mehr, dem die Individuen in diesem Sinne hilflos ausgeliefert wären. Die Emanzipation der Frauen hat die sexuellen Rollen aufgelöst, auch wenn diese natürlich nach wie vor vorherrschen und für viele Menschen immer noch ein Problem bleiben.

Aber tendenziell könnte die Macht der Sexualität niedergehen, auch die weibliche Macht. Vielleicht wird die Sexualität an faszinierender Kraft einbüßen und nur noch so wichtig werden wie die Augenfarbe. Ob man sich das wünschen soll, bleibt fraglich. Aber Sexualität als karnevaleske Kommunikation wäre allein schon eine Struktur, der die Menschen nicht mehr so ausgeliefert wären. Dann wird sie auch nicht mehr so sehr in den Bann ziehen. Schade, wahrscheinlich. Wenigstens hat sich bis heute auch die andere Prognose Steiners bestätigt: „Sobald nämlich das Spiel mit der Transzendenz nicht länger den Einsatz zu lohnen scheint – sobald wir hineintreiben in ein Utopia des Unmittelbaren, wird alle Wertstruktur

---

[1] Steiner, In Blaubarts Burg, 91

unserer Zivilisation sich zumindest mit dem dritten Jahrtausend auf nahezu unvorstellbare Weise gewandelt haben."[1]

Wie verschwult ist die Welt?

Diese Einschätzung Steiners bestätigt sich im Anspruch der Homosexuellen auf Selbstverwirklichung und verkörpert zugleich den Ort der harten Konfrontationen, wenn sie seit einigen Jahrzehnten primär in den Metropolen der westlichen Welt öffentlich auftreten, Straßenfeste feiern und die letzten institutionellen Bastionen der traditionellen Familie angreifen: Schlagwort Homo-Ehe und Adoptionsrecht für gleichgeschlechtliche Lebensgemeinschaften. Homosexuelle verstecken sich nicht mehr, sondern erheben ihre Stimme – zum Schrecken von Traditionalisten jeglicher Couleur.

Das Wissenschaftskolleg zu Berlin und das Goethe-Institut hatten eigentlich ganz andere Absichten, legten sie nach dem 11. September 2001 ein Programm auf, um Schriftsteller aus der arabisch islamisch geprägten Welt mit deutschen Autoren zusammenzubringen. Sie vermittelten dem renommierten libanesischen Autor Rashid al-Daif den deutschen Joachim Helfer. Al-Daif schrieb nach ihren gegenseitigen Besuchen einen ca. 100seitigen Essay über die homosexuelle Lebensform Helfers und veröffentlichte ihn im Libanon unter dem Titel: *Wie der Deutsche zur Vernunft kam*. Helfer hat diesen Text in der deutschen Fassung kommentiert.

In seinem Text gibt Rashid al Daif freimütig zu, dass er große Sorge hatte, sein Sohn könne homosexuell werden. Er freut sich, als der siebzehnjährige in Beirut ein Mädchen mit nach Hause bringt, mit ihr auf sein Zimmer

---

[1] Ebd., 102

geht und die Türe absperrt – ein unglaubwürdige Geschichte für den Libanon – so Helfer. Oder er hat Angst, dass sein interkultureller literarischer Partner Joachim Helfer ihn verführen könnte, bzw. dass diesen al-Daifs starke Behaarung seiner Hand etwa sexuell affiziert. Er weiß nicht, wie er damit umgehen soll, dass Joachim Helfer seit zwanzig Jahren mit einem Mann zusammenlebt.

Al-Daif hält Homosexualität nicht nur für unnatürlich. Vielmehr macht er sie auch wesentlich dafür mitverantwortlich, dass die westlichen Gesellschaften ein demographisches Problem haben, weil zu wenige Kinder auf die Welt kommen, so dass ihr Aussterben droht. Homosexualität erscheint für al-Daif folglich offensichtlich wider die Vernunft gerichtet. „Schliesslich war sein Lebensstil nach unseren Maßstäben nicht nur ungewöhnlich und gegen die Gewohnheit, sondern auch ‚unvernünftig' und gegen alle Vernunft gerichtet."[1]

Joachim Helfer diagnostiziert dagegen hinter al-Daifs Abneigung gegenüber den Homosexuellen letztlich eine patriarchalische Haltung. Schwule spielen im Sexualakt nicht nur Frauen. Sie verkörpern auch deren Schwäche. Frauen sind eben anders als Männer. Als al-Daif in die gemeinsame Wohnung von Joachim Helfer und seinem Freund eingeladen wird, gruselt ihn trotzdem. Es muss dort nämlich chaotisch und schmutzig sein. Als so richtige Frauen erscheinen ihm schwule Männer denn doch nicht. Und für Ordnung und Sauberkeit können nur Frauen sorgen – eine These, die heute wirklich niemand in der EU mehr glaubhaft vertreten kann.

Aber so wenig wie Rashid al-Daif die Homosexualität anerkennen kann, sowenig vermag er die individuelle Emanzipation der arabischen Frau zu tolerieren. Be-

---

[1] Rashid al-Daif, Joachim Helfer, Die Verschwulung der Welt – Rede gegen Rede Beirut-Berlin, Frankfurt/M. 2006, 180

zeichnend ist, dass er dieses Problem im jetzigen Status quo im Grunde für gelöst hält. Denn im anderen Fall droht schließlich die Gebärverweigerung der Frauen, die ihre Rolle als Mutter nicht mehr als ihre primäre Aufgabe anerkennen werden, wollen sie sich erst mal selbst verwirklichen, ihre Sexualität genauso frei leben wie sich beruflich entfalten. Just hier taucht wieder die Konfliktlinie zwischen einer gemeinschaftsorientierten Moral und dem Individualismus, die wohl längst an die Stelle des Konflikts zwischen Kapitalismus und Sozialismus getreten ist, nämlich als einer zentralen der Wirklichkeiten des von Samuel Huntington so bezeichneten Zusammenpralls der Kulturen.

So führt der eine die homosexuelle Lebensform des anderen nicht nur als absurd vor. Rashid al-Daif versucht Joachim Helfer auch von seinem unvernünftigen Weg abzubringen. Er bringt ihn in Beirut mit einer Frau zusammen. Dazu überlegt er sich gut, wie eine Frau aussehen muss, die für einen Schwulen attraktiv sein könnte, nämlich möglichst männlich mit wenig Brust- und Po-Umfang. Eher zufällig begegnet Helfer in Beirut schließlich sogar einer Deutschen, die laut al-Daif solchen Kriterien genügt und geht mit ihr ziemlich schnell mit dem einen Wunsch ins Bett, nämlich Vater zu werden – ein Unterfangen, das wohl zumindest im zweiten Anlauf klappt.

Joachim Helfer träumt am Ende des Buches davon, dass er seine homosexuelle Partnerschaft aufrecht erhält, um trotzdem als Vater vielleicht sogar eine bessere Rolle zu spielen, als jene Männer, die Kindererziehung mit ihrer Liebesbeziehung belasten. Dagegen träumt Rashid al-Daif davon, dass Helfer seinen Lebensgefährten irgendwann verlassen wird und zu der Mutter seines Kindes zieht. Helfer jedenfalls bemerkt: „Rashid, verehrter Kollege, Du hast recht, es kommt darauf an, das Leben richtig zu entziffern. Das Alphabet dafür finden wir in den überlieferten Abschriften, ob nun jenen der Religionen, der Poesie, oder im ungeschriebenen Buch der Tradition. Der Sinn, die Würde des Lebens aber liegt nicht in den Buchstaben, sondern im Leben selber, das immer recht hat, weil es der Text ist: heilig, gerade weil es nicht in Stein gemeißelt oder in Blei gegossen, sondern lebendig ist. Wenn wir das Leben mit den gewohnten Lettern nicht mehr entziffern können, so dürfen wir nicht seinen Text zensieren, sondern müssen neu lesen lernen. Leben heißt, lesen zu lernen."[1]

---

[1] Joachim Helfer, Rashid al-Daif, Die Verschwulung der Welt, 187

9. Kapitel
Sexyness und Liebe

Welche Sexualität hat die Macht? Sexualität ist *Macht* jenseits eines rein rationalen Diskurses aber selbstredend nicht bloß irrational, rationaler allemal als der Diskurs der Liebe, wie ihn Niklas Luhmann beschreibt. Denn auf die Frage ‚Was ist Liebe?' gibt er als Soziologe natürlich keine metaphysische Antwort, sondern eine soziologische die seiner Systemtheorie entspricht, die sich auf die Kommunikation als Medium innerhalb und zwischen Systemen stützt: Liebe ist daher für Luhmann ein Medium der Kommunikation.

Wer liebt, der übertreibt

Das überrascht zunächst doppelt. Erstens lautet meine These ja: Sexyness ist Kommunikation, und ich gebe natürlich zu, dass dabei nicht nur Bataille, de Beauvoir, Illouz, Butler und Foucault, sondern auch Luhmann einen gewissen Einfluss hatten. Liebe und Sexualität unterscheiden sich jedoch im Grad an Rationalität, d.h. der Öffentlichkeit. Doch auch Liebe hat eine rationale, allgemeine, also öffentliche Dimension, nicht nur die Sexyness. Zweitens würde man Liebe mit einem Gefühl verbinden, weniger mit Kommunikation. Doch Luhmann will mit seiner These, dass Liebe Kommunikation ist, ja nicht sagen, was Liebe im tiefsten metaphysischen Sinn des Wortes ist, was ihr Wesen, was sie wirklich ist.

Inwiefern kann Luhmann dann Liebe als Kommunikation verstehen? Dient die Liebe etwa der Kommunikation? Das sieht denn auch zunächst gar nicht so aus:

„Durch Individualisierung der Liebe als einer Beziehung zwischen persönlich bestimmten Geschlechtspartnern wird Indifferenz erreicht sowohl gegenüber der sexuellen Potenz anderer als auch gegenüber dem Meinen und Urteilen anderer. Nur die Liebenden selbst können ihre Liebe verstehen."[1] Dann scheint der Liebende aber nicht besonders kommunikativ zu sein. Zudem klingt das eher etwas euphemistisch, ist dieser Text Luhmanns denn auch aus dem Jahr 1969, hatte er sich bei Helmut Schelsky habilitiert, der ja Mitte der fünfziger Jahre über die Sexualmoral keinen öffentlichen Diskurs führen lassen wollte. Habermas galt Luhmanns Systemtheorie denn auch nicht als besonders progressiv, zeigt diese nämlich keine sozialen Perspektiven auf.

Dass man blind liebt und daher sich von niemandem anderen sexuell affizieren lässt, scheint zudem eher Wunschdenken einer traditionellen, monogamen Sexualmoral, die gerade – 1969 – ihre soziale Lufthoheit verloren hat. Dergleichen findet sich doch höchstens bei Siebzehnjährigen, was auch in diesem Alter spätestens nach der dritten Liebe endet. Doch Luhmann beruft sich lieber auf George Bernard Shaw, der sein aktives Liebesleben schätzungsweise vor dem ersten Weltkrieg durchlebte: „Ein Liebender ist (. .) jemand, der den Unterschied zwischen einer Frau und anderen Frauen übertreibt (. .)"[2] Eigentlich ein schlauer Spruch, der die Monogamie unterhöhlt, den Luhmann aber dezidiert missversteht, weil er ihn ernst und nicht ironisch nimmt.

Dass nur die Liebenden ihre Liebe verstehen, mag auch in manchen Fällen gelten. Viel häufiger treten Paare indes in einer Weise auf, als wollten sie anderen vorführen, warum sie sich lieben, oder dass sie sich nicht lieben, wenn sie sich gegenseitig voneinander distanzieren. Ob

---

[1] Luhmann, Liebe – eine Übung, 51
[2] Zit bei ebd., 51

die Liebe oder die Ehe hintergründig bindet, bleibt dabei offen. Dass dritte völlig ausgeschlossen sind, darf zudem man bezweifeln. Aber sicherlich gibt es Fälle, bei denen das so ist, so dass man Liebe als interne Kommunikation bezeichnen kann, während eben Sexualität bzw. Sexyness eine öffentliche Kommunikation ist.

So scheint die These insgesamt eher frustrierten Eltern geschuldet, die sich andere Ehepartner für ihre Kinder vorstellen und dass die Kinder für Eltern völlig unverständlicher Weise auf ihren Wünschen beharren. Aber man kann Luhmann zugestehen, dass Liebe einen internen Kern zwischen den Liebenden besitzt, die doch auch als Liebende mit anderen kommunizieren beispielsweise unter den besten Freundinnen oder Freunden, oder auch gegenüber einer Form familiärer Öffentlichkeit.

Allerdings kommunizieren viele Paare – besonders wenn sie lange zusammen sind – kaum noch mit dem Lüstespiel oder der Sexyness. Ihre sexuelle Kommunikation reduziert sich auf eine verblassende sexuelle Praxis, was vor allem einer Reduktion der Sexualität als Kommunikation gleichkommt. Viele Paare spielen nicht mehr mit den Reizen, mit Sexyness, nicht miteinander, schon gar nicht unter den Freunden oder innerhalb der Familie. Wenn Sexualität auf sexuelle Praktik zusammenschnurrt gewinnen allemal für Männer – aber bestimmt auch für viele Frauen – alle anderen Frauen bzw. Männer ein unendlich höheres Maß an Attraktivität. Das liegt allein schon an der Kenntnis in Beziehungen bzw. an der Unkenntnis von Fremden, verstärkt sich aber durch fehlende gegenseitige Anziehungskraft in der Beziehung: Die ferne Frau im Film, oder im Café oder auf dem Balkon gegenüber fasziniert ungemein, auch wenn sie – lernt man sie wirklich kennen – sich am Ende als religiös, monogam und kinderlieb herausstellt. Wie bemerkte doch Luhmann 1982: „Der Mann liebt das Lieben, die Frau liebt den Mann."[1] Seltsam! Wie kommt er darauf? Nein, der Mann übertreibt und die Frau liebt die Übertreibung. Es könnte auch umgekehrt sein.

Die Liebe von Siebzehnjährigen oder jene von Sartre und de Beauvoir

Luhmann geht es um die Rolle, die die Liebe in sozialen Systemen spielt. Dabei will er nicht die Liebe empirisch beobachtend erfassen, das was die empirische Soziologie normalerweise betreibt, sondern nur mögliche Funktionsweisen gesellschaftlicher Systeme erklären. Für die Systemtheorie funktioniert die Gesellschaft primär durch Kommunikation, die soziale Ordnungen ermöglicht und entstehen lässt – ich würde darauf insistieren: durch Sexualität als Kommunikation. Dabei geht es Luhmann nicht um die Inhalte von Kommunikation, also um die Intentionen der Beteiligten. Daher fragt er auch nicht, was sich Menschen in der Liebe erträumen, sondern danach was sie damit machen, wie Liebe also systemtheoretisch funktioniert.

Während für viele die Liebe notorisch ein Problem darstellt, weil man entweder gerade niemand dazu hat, oder wenn doch, dass es dann mit der Liebe ständig hapert, löst die Liebe für Luhmann geradezu Probleme, wenn Liebe als Kommunikationsmittel beispielsweise die Abnabelung Jugendlicher von den Eltern befördert – ich darf wieder an die Siebzehnjährigen erinnern: „Es kann durchaus sein, dass der Durchbruch zu erster Unabhängigkeit von Eltern, die Erregung bei ersten erfolgsunsicheren Kontakten oder bei erster Anerkennung durch Geschlechtspartner mit Hilfe eines kulturellen Klischees als Liebe interpretiert wird – und dann zu Liebe gemacht

---

[1] Luhmann, Liebe als Passion (1982), Frankfurt/M. 1994, 172

wird. Wir zwingen uns nicht, das als Selbsttäuschung über das ‚eigentliche' Gefühl zu behandeln, sondern sehen in solchen Gefühlsdeutungen mehr oder weniger weittragende Effekte kultureller Sozialisierung. Uns interessiert nicht deren Verarbeitung im psychischen, sondern deren Funktion im sozialen System."[1] Auch in diesem Fall erweist sich Liebe als kommunikatives Ausschließungssystem, allerdings dadurch dass die Liebenden intern umso intensiver und unabhängig von anderen kommunizieren.

Besonders glaubwürdig erscheinen Luhmann solche Jugendlichen ja offenbar nicht und er könnte damit 1969 indirekt auf die rebellische Jugend Bezug nehmen, die die freie Liebe propagiert und sich dadurch von der Elterngeneration abschottet. Nur zwingt ihn sein soziologischer Blick, nicht nach der Glaubwürdigkeit der kommunizierten Gehalte zu fragen. Dann dürfte er das auch nicht bezweifeln; denn in sein Konzept passt gerade diese freie Liebe, die von der Elterngeneration incl. Luhmann selbst nicht verstanden wird – ähnlich wie die Liebe von Siebzehnjährigen, die seinem Modell wahrscheinlich noch besser entspricht, die er aber nicht gelten lassen möchte. Richtige Liebe betreiben wohl erst älter gewordene Erwachsene, wenn man das denn noch so nennen will und selbstredend wenn sie das ordentlich monogam propagieren. Sartre und de Beauvoir waren ja im Sinne Luhmanns zur Liebe offenbar unfähig, wiewohl sie mit dieser fleißig kommunizierten.

So geht es nach Luhmann dabei auch nur am Rande um die Sexualität als sexuelle Praktiken. Diese kann er denn auch vernachlässigen, wird Liebe traditionell im Abendland mit der christlichen Agape, der Nächstenliebe verbunden, bei der die sexuelle Praxis nicht die Basis der Liebe sein darf. Kants Bestimmung des Zwecks der Ehe

---

[1] Niklas Luhmann, Liebe – eine Übung, 11

als der lebenswährende gegenseitige ‚Gebrauch der Geschlechtseigenschaften' erscheint vor diesem Hintergrund als eine Antizipation des späteren Denkens, dass sich am Lebendigen orientiert. Nur spricht Kant von der Ehe und nicht von der Liebe. Erst jene Randgruppen des 19. Jahrhunderts, also von George Sand zu Else Jaffé werden den antiken Eros entdecken und diesen mit der Liebe verbinden. An diesen Eros schließt auch Foucault an. Sexuelle Akte gehören dann konstitutiv zur Liebe, während die Nächstenliebe eher als eine amputierte, lieblose Liebe wirkt, weil sie erotisch nicht affiziert, sondern eher dem Mitleiden zuzuordnen ist. Aber auch Luhmann wird die sexuelle Praxis in die Liebe als Kommunikation integrieren.

Liebe als Ehe unter kommunikativer Offenheit

Als Mittel vergleicht Luhmann Liebe mit anderen Kommunikationsmedien wie Geld, Wahrheit, Macht oder Kunst, die Entscheidungen in einer unübersichtlichen komplexen Welt mit einer Vielzahl von Angeboten und Möglichkeiten erleichtern. Denn keiner dieser angebotenen möglichen Wege vermag sich als zwingend zu präsentieren, leben die Menschen nun mal nach Luhmann in einer Welt des Zufalls und der Kontingenz, somit auch der Gefahren, die die Liebe kommunikativ sowohl verstärkt wie eindämmen soll. Niklas Luhmann: „Soziale Systeme, die sich im Hinblick auf Liebe strukturieren, stellen sich selbst unter die Forderung kommunikativer Offenheit für nicht im Voraus festgelegte Themen – also unter hohes Risiko. Das gesamte Erleben der Partner soll gemeinsames Erleben sein, jeder soll erzählen, was er täglich erlebt, soll seine Probleme vor dem anderen ausbreiten und sie mit ihm gemeinsam lösen. Es soll keine ‚Fronten' geben, keine Darstellungen, die aufgebaut, ge-

halten und verteidigt werden und hinter denen sich Verschwiegenes verbirgt. (. .) Eine Frau läuft nicht das Risiko einer offenen Zurückweisung (‚Das geht Dich nichts an'), wenn sie fragt: ‚Warum kommst Du heute so spät?' Dass sie die Wahrheit erfährt, ist allerdings durch die Institution allein noch nicht gewährleistet."[1]
Da darf man sich doch wundern, dass der Soziologe die Liebe mit der Ehe verwechselt und letztere auch noch an einem bestimmten Ideal orientiert, das in dieser Form höchstens eine kleine Gruppe von Eheleuten praktiziert. Dass man sich in der Liebe gegenseitig bevormundet, erscheint dabei weniger selbstverständlich als in der Ehe. Dass in beiden Systemen indes Offenheit herrscht, das darf man bezweifeln, ja sogar, dass diese Offenheit ein verbreitetes Postulat sei. Es könnte an den jugendlichen Anfängen einer Liebe gelegentlich auftreten und gegen Ende im Alter, wenn altersbedingte Hilflosigkeit sich breit macht – was mit Ehe, aber nicht mehr mit Liebe zu tun hat.

Allerdings wird eine solche Offenheit häufig im Bereich sexueller Praxis als Postulat erhoben – und sicher nicht nur in traditionellen Ehen. Hier bemühen sich viele um ein gewisses Maß an Kontrolle des Partners – und sei es nur aus Angst diesen zu verlieren oder auch aus Eifersucht. Zwischen den Ehepartnern oder auch den Liebenden geht es denn auch nicht prinzipiell um Sexyness als Kommunikation in der Öffentlichkeit. Im Gegenteil, diese soll möglichst ausgeschlossen werden, verzichten verheiratete Frauen gerne vorauseilend auf Sexyness, demonstrieren ihren Partnern, dass sie an anderen kein Interesse mehr haben – womöglich verbunden mit der Hoffnung, dass ihre Partner es ihnen nachtun. So haben sie denn auch gar nichts dagegen, wenn ihre Partner möglichst dick und unattraktiv bzw. alt wirken.

---
[1] Niklas Luhmann, Liebe – eine Übung, 16

Liebe versteht Luhmann dabei wenigstens nicht als Naturphänomen, auch nicht als moralische Idee, sondern als eine sozial integrierende Funktion mit sich wandelnden Ausdrucksmöglichkeiten. Dass man Liebe zu einer Universalie erklärt, die alle Menschen angeht, universalisiert keineswegs ihren Charakter als Kommunikationsmittel, sondern im Gegenteil führt zu einer absoluten Verengung: Man soll nicht alle Frauen lieben, sondern nur eine. Man soll nur mit einer auf eine bestimmte Art und Weise kommunizieren – eben auf liebende, wobei die sexuelle Praxis als selbstverständlich eingeschlossen gilt – aber am besten redet man darüber gar nicht, während Sexyness als öffentliche Kommunikation für Eheleute fast ausgeschlossen erscheint.

Liebe als Leidenschaft: eine Entschuldigung

Das löst nicht nur Probleme, es erzeugt auch welche; denn als kommunikativ äußerst wichtig präsentiert sich die Frage, wie man das beweist. Zu Zeiten Luhmanns jedenfalls noch durch das Angebot der Ehe, was vor allem den Umkehrschluss zulässt: Wer das ablehnt, liebt nicht. Und wenn man heiratet, dann darf man das nicht hinterfragen und schon gar nicht darf das die Mitwelt. Man mag sich noch so wundern, wie zwei zusammenfanden, mögliche peinliche Gründe (aus Geld, aus Not, etc.) verdrängt man seit etwa dem 18. Jahrhundert dadurch, dass man Liebe zur Leidenschaft deklariert: „Passion ist keine Entschuldigung, wenn ein Jäger eine Kuh erschießt. Die Lage wendet sich jedoch, wenn Passion als Institution Anerkennung findet und als Kondition sozialer Systeme erwartet, ja gefordert wird – wenn erwartet wird, dass man einer Passion verfällt, für die man nichts kann, bevor man heiratet. Dann wird die Symbolik der Passion verwendet, um institutionalisierte Freiheiten zu decken, das heißt abzuschirmen und zugleich zu verdecken. Passion wird dann zur institutionalisierten Freiheit, die nicht als solche gerechtfertigt zu werden braucht. Freiheit wird als Zwang getarnt."[1]

Nun, das mag bis in die achtziger Jahre noch relevant gewesen sein. Die Traditionalisten verteidigten die Ehe mit der Leidenschaft zweier Menschen füreinander. Die Achtundsechziger forderten zwar gelegentlich die freie Liebe, der Mainstream – durchaus davon animiert – wollte jetzt die echte Liebe, klar nur noch Wunschkinder, nur noch große Liebende, was die vielen Wunden der Welt heilen soll. Und dazu gehört natürlich die sexuelle Praxis – womöglich verbunden mit vielen Kindern –, die Sexualität als öffentliche Kommunikation entsprechend weniger, je alternativer, linker oder kirchentreuer sich die Betreffenden orientierten.

Zwischenzeitlich betrachten es viele Zeitgenossen indes nicht mehr als verwerflich, aus steuerlichen Gründen, zwecks der Erbschaft oder eines Aufenthaltsrechts zu heiraten. In den Siebzigern machte man das auch schon, um einem Asylanten aus Kurdistan ein Aufenthaltsrecht zu verschaffen, mit dem man aber sexuell möglichst nichts zu tun haben wollte. Bei Männern war es sicherlich umgekehrt, wunderten sie sich höchstens, wenn die Kurdin die Ehe plötzlich ernst nahm. Wenn man um der Kinder willen heiratet, wird indes mangelnde Passion selten angemahnt.

So drückt sich in diesem Verständnis von Liebe als Leidenschaft noch die idealistische Vorstellung von Liebe und Ehe aus, die in den fünfziger Jahren vorherrschte, als man sich besonders in Deutschland ins Private zurückzuziehen versuchte, war die Weltmachtergreifung ja gerade gnadenlos gescheitert. Dabei soll die Liebe als Leidenschaft die Unterwerfung unter die geliebte Person legiti-

---

[1] Niklas Luhmann, Liebe – eine Übung, 32

mieren, so dass sich dabei immer die rigidere Position durchsetzt. Wenn nur einer von beiden Kinder will, bekommt er sie. Wenn nur einer von beiden eheliche Treue will, bekommt er sie zumindest deklariert. Unterwerfung wird dabei zu einem sadomasochistischem Spiel.
Im unehelichen Zustand der Liebe setzt sich dagegen in der Regel derjenige durch, der weniger will. Sonst endet die Beziehung. Auch die Liebe ist eine Machtfrage, die höchstens moderiert werden kann. In diesem traditionellen Verständnis von Liebe als Leidenschaft setzt sich dementsprechend die rigidere Moral durch. Sie ist das Glück der letzten Aufrechten, die vom fest zusammenhaltenden Elternpaar träumen und die – wie es ja Kaufmann beklagt – im Internet und bei der Sexualität als Abenteuer wie einst die Hässlichen beim Dorftanz sitzen bleiben.

Der sexuelle Akt als Herrschaft, die Liebe als Überbrückungsfunktion

Ob Liebe Probleme löst oder schafft, für Luhmann wird sie dabei durch die sexuelle Praxis unterstützt, und zwar nach Leibeskräften, kann Kommunikation für Luhmann schließlich auch nichtsprachlich erfolgen: „Sexualität gewinnt für die Liebe eine Basisfunktion, die vergleichbar ist der Funktion, die physischer Zwang für politische Macht, die intersubjektiv zwingende Gewissheit der Wahrnehmung für wissenschaftliche Wahrheit, (. .) erfüllt. (. .) Eine so fundierte Kommunikation kann den Organismus gleichsam mitüberzeugen."[1] Hier schwingt ein gewalttätiges Verständnis von sexuellen Akten mit, genauer Vergewaltigung: und das als eine Form der Kommunikation, also der Liebe. So sollte man sich doch lieber mit Sexyness zufrieden geben.

---

[1] Niklas Luhmann, Liebe – eine Übung, 43

Womit Luhmann aber wohl Recht haben wird: auch wenn der eine den anderen erschießt, ist das noch eine Form der Kommunikation. Zierende werden zum Akt gelockt und wenn die Schwangerschaft eintritt, spätestens dann müssen sie heiraten, ob sie das eigentlich nicht will oder er –jedenfalls war das mal so. Oder wenn man den sexuellen Akt wirklich erst nach der Eheschließung begeht, dann soll er wohl die letzten Zweifel beseitigen: Körperliche Kommunikation in besonderem Maße mit dem Unterleib soll die Leidenschaft entflammen, die man wiederum braucht, um sich ehelich alles gefallen zu lassen. Eventuell entschädigt diese unterleibliche Kommunikation für vieles, aber wie schon Sigmund Freud feststellte, in der Regel nur wenige Jahre, bis diese unterleibliche Kommunikation erlahmt.

Umgekehrt dient aber die Liebe auch der sexuellen Praxis. Wenn letztere gerade nicht stattfindet, weil der Partner fern ist, bestärkt die Liebe den Wartenden darin, dass der Sexualpartner schon wiederkommen wird. Insofern hat für Luhmann die Liebe eine Art Überbrückungsfunktion, erinnert sie also an unterleibliche Kommunikation, die gerade fehlt, so dass man brav auf ihr späteres Eintreten wartet und sich dieselbe nicht beim Nachbarn oder bei der Nachbarin holt.

Oder sie halluziniert Kommunikation überhaupt. 1969 waren die Möglichkeiten der Fernkommunikation noch vergleichsweise bescheiden: kurze teure Telefonate, die man anmelden musste und auf die man gegebenenfalls stundenlang wartete, so dass man dergleichen doch eher selten praktizierte. Das hat sich heute geändert. Liebende können praktisch ständig miteinander kommunizieren, mögen sie auch noch so weit von einander entfernt sein. Dann könnte man zu dem Eindruck gelangen, Liebe wäre gar nicht mehr nötig, bzw. bestünde aus dieser permanenten Kommunikation. Auf sexuelle bzw. unterleibliche Kommunikation wird ja auch weitgehend verzichtet.

Auch hinsichtlich der Ehe hat sich die Liebe – so Luhmann – als ein weitgehend stabilisierender Faktor erwiesen trotz jener Unkenrufe aus dem 19. Jahrhundert, die Ehe könnte nur auf die religiöse Institution und elterliche Gewalt gegründet werden – so Friedrich Nietzsche. Für Luhmann ist 1969 alle Kritik an der Ehe wirkungslos abgeprallt. Doch die Zeiten der Babyboomer sollten schnell vorübergehen. Heute steigen die Scheidungszahlen weiterhin, leben viele jenseits von Ehen und Familien, sinken zudem die Geburtenzahlen selbst in katholischen Ländern auf weltweite Rekordtiefststände.

Der damals 40jährige Professor lebte offenbar jenseits jener wilden Kommunen von Fritz Teufel und Uschi Obermeier. Insofern muss man die eine oder andere kommunikative Wirkungsweise der Liebe heute umdeuten. Aber Liebe als Medium der Kommunikation zu begreifen, erscheint allemal intelligenter, als sie metaphysisch zu verklären, gibt es Parallelen zwischen Liebe, Sexyness und Sexualität jeweils als Kommunikation. Letztere ist generell öffentlich und erstere kennt eine sehr intime Seite. Aber entgegen Luhmanns These besitzt die Liebe auch eine öffentliche Seite, wird ständig über Liebe geredet, weniger über Sexyness – was regenbogenpressemäßig auch an den naiven Rezipienten liegen mag, die sich, je älter sie werden, ihre Wünsche nur noch über romantische Illusion bestätigen. Alter erscheint in der Liebe geradezu das Gegenteil von Weisheit – und zwar besonders bei Frauen und verlassenen Männern, also schlicht beim schwachen Geschlecht, das auch männlich sein kann.

Sexualität dagegen ist grundsätzlich öffentliche Kommunikation, die jeder verstehen kann, zumindest wenn er will. Sexualität ist Sexyness. Und ihre Macht ist primär weiblich. Denn die Sexyness als Kommunikation in der Öffentlichkeit hat dazu geführt, dass jedenfalls in weiten Teilen der westlichen Welt Frauen nicht mehr so häufig bereit sind zu gebären. Wenn man auf die sexuelle Praxis öfters verzichtet – wie es ja Norbert Bolz bei emanzipierten Frauen anprangert – weil das Kind nicht mehr Lebenssinn ist – der Mann ist es bald nach der Eheschließung sowieso nicht mehr, auch nicht für die Hausfrau – und man stattdessen öffentlich mit Sexyness kommuniziert, dann bekommt man auch weniger Kinder. Geburten fördern zudem nicht unbedingt die Sexyness, wobei diese aber nicht mit Schönheit zu verwechseln ist. Allerdings verzichten Mütter nicht selten auf jegliche Sexyness, also auf diese Form der Kommunikation. Elterliches, gar großelterliches Gebaren lässt von Sexyness gleichfalls zumeist nicht viel übrig, leidet also die Fähigkeit, sexuell zu kommunizieren.

Daher darf man jedenfalls teilweise bezweifeln, was der Soziologe Karl-Otto Hondrich behauptet: „Die westlichen Kulturen, die sich selbst über die Liebe nicht mehr fortzeugen, sichern ihr Überdauern, indem sie Kinder anderer Kulturen anziehen und sich anverwandeln. (. . .) Dass die eigene Kultur etwas gewinnt, wenn sie etwas aufgibt – und seien es ‚nur' Ansprüche wie die, allein aus Liebe zu heiraten, nur Kinder der Liebe zu bekommen, die Ehe nur aufrechtzuerhalten, solange die Liebe dauert. Vielleicht wanken diese rigiden Normen der Liebe unter dem Eindruck der großen Familien aus anderen Kulturen, die ihre Selbstbehauptung, ihr Glück und ihre Vorteile nicht der Liebe verdanken, sondern bescheideneren, älteren und dauerhafteren Bindekräften."[1]

Hondrichs These klingt nach den siebziger Jahren. Heute bekommen auch Singlefrauen häufig Kinder und gehen das Risiko ein, dass sich der Kindsvater zurückzieht und es bei Alimenten belässt. Niemand wirft ihnen vor, dass sie alleine ein Kind bekommen, das dann jeden-

---

[1] Karl Otto Hondrich, Liebe in den Zeiten der Weltgesellschaft, Frankfurt/M. 2004, 32

falls kein so ordentliches Kind der Liebe sein kann. Geheiratet wird längst aus ganz anderen Motiven im fortgeschrittenen Alter nach jahrelangen Beziehungen. Da wird keine Liebe mehr bewiesen. Da geht es um institutionelle Fragen der Erbschaft, der Verantwortung, vielleicht noch der Steuerersparnis oder um dem Partner eine Rente zu sichern. Oder jemand geht beruflich in ein fremdes Land wie die Schweiz und die Freundin kann nur mitkommen, wenn sie verheiratet sind. Dass sich die Eltern zumeist darüber freuen, ändert am fehlenden emotionalen Grund nichts. Liebe oder Gewohnheit – wo ist der Unterschied – werden trotzdem bestehen. Sonst würde man das wahrscheinlich nicht tun. Oder man hofft dann darauf, dass der andere den Widerstand gegen Kinder aufgibt.

Sexualität als Sexyness ist dagegen eine äußere Kommunikation, die jedenfalls sehr viele verstehen, nicht alle. Ein Heterosexueller versteht nicht unbedingt die homosexuellen Signale. Doch damit belegt auch die Differenz zur Liebe, dass Sexualität primär Kommunikation bedeutet und nicht das Spiel der Lüste.

Literatur

Hannah Arendt, Rahel Varnhagen – Lebensgeschichte einer deutschen Jüdin aus der Romantik (1958), 12. Aufl. München 2003

Dies., Vita activa oder Vom tätigen Leben (1958), München/Zürich 1981

Dies., „Isak Dinesen"; in: dies., Menschen in finsteren Zeiten (1968), 2. Aufl. München 1989

Dies., Macht und Gewalt (1970), 15. Aufl. München/Zürich 2003

Georges Bataille, Die innere Erfahrung – Methode der Meditation – Postskriptum. Atheologische Summe I (1943), München 1999

Ders., Die Freundschaft und Das Halleluja – Atheologische Summe II (1944), München 2002, 89

Ders., Der heilige Eros (L'Érotisme, 1957), Frankfurt/M./Berlin/Wien 1984

Ders., Die Aufgaben des Geistes – Gespräche und Interviews 1948-1961, Berlin 2012

Jean Baudrillard, Von der Verführung (1979), München 1992

Simone d Beauvoir, Das andere Geschlecht – Sitte und Sexus der Frau (1949), 5. Aufl. Reinbek 2005

Dies., Die Mandarins von Paris (1954), Reinbek 1965

Dies., Soll man de Sade verbrennen? – Drei Essays zur Moral des Existentialismus (1955), Reinbek 1997

Walter Benjamin, Das Kunstwerk im Zeitalter seiner technischen Reproduzierbarkeit (1936), Frankfurt/M. 1963

Henri Bergson, Die beiden Quellen der Moral und der Religion (1932); in: ders., Materie und Gedächtnis und andere Schriften, Frankfurt/M. 1964

Philipp Blom, Böse Philosophen – Ein Salon in Paris und das vergessene Erbe der Aufklärung, München 2011

Hans Blumenberg, Beschreibung des Menschen. Aus dem Nachlass, Frankfurt/M. 2006

Norbert Bolz, Die Helden der Familie, München 2006

Judith Butler, Das Unbehagen der Geschlechter (1990), Frankfurt/M. 1991

Umberto Eco, Der Name der Rose – Roman (1980), München 1982

Johann Gottlieb Fichte, Grundlage des Naturrechts nach den Prinzipien der Wissenschaftslehre (1796), Hamburg 1979

Michel Foucault, Die Ordnung der Dinge – eine Archäologie der Humanwissenschaften (1966), Frankfurt/M. 1974

Ders., Überwachen und Strafen – Die Geburt des Gefängnisses (1975), Frankfurt/M. 1977

Ders., Der Wille zum Wissen (1976) – Sexualität und Wahrheit Bd. 1, Frankfurt/M. 1983

Ders., Der Gebrauch der Lüste – Sexualität und Wahrheit Bd. 2 (1984), Frankfurt/M. 1989

Sigmund Freud, Das Unbehagen in der Kultur (1930). Frankfurt/M. 1953

Heinrich Heine, Harzreise (1824), Werke und Briefe Bd. 3, Berlin Weimar 1980

Martin Heidegger, Martin, Unterwegs zur Sprache (1959), 7. Aufl. Pfullingen 1982

Joachim Helfer, Rashid al-Daif, Die Verschwulung der Welt – Rede gegen Rede Beirut-Berlin, Frankfurt/M. 2006

Eike Christian Hirsch, Der berühmte Herr Leibniz – Eine Biographie, München 2016

Karl Otto Hondrich, Liebe in den Zeiten der Weltgesellschaft, Frankfurt/M. 2004

Ivan Illich, Genus – Zu einer historischen Kritik der Gleichheit (1982), Reinbek 1983

Eva Illouz, Gefühle in Zeiten des Kapitalismus, Frankfurt/M. 2006

Eva Illouz: Warum Liebe weh tut – Eine soziologische Erklärung, Berlin 2011

Ursula Pia Jauch, Wie deutsch ist der Sadismus; in: dies. (Hrsg.), Sade – Stationen einer Rezeption, Berlin 2014

Dirk Kaesler, Max Weber – Preuße, Denker, Muttersohn, München 2014

Immanuel Kant, Die Metaphysik der Sitten (1797), Akademie Textausgabe Bd. VI, Berlin 1968

Jürgen Kaube, Max Weber – Ein Leben zwischen den Epochen, Berlin 2014

Jean-Claude Kaufmann, Sex@mour - Wie das Internet unser Liebesleben verändert, Konstanz 2011

Friedrich Kittler, „When The Blitzkrieg Raged"; in: Albert Kümmel-Schnur (Hrsg.), Sympathy for the devil, München 2009

Pierre Klossowski, Sade – mein Nächster (1947), Wien 1996

Niklas Luhmann, Liebe – eine Übung (1969), Frankfurt/M. 2008

Ders., Liebe als Passion (1982), Frankfurt/M. 1994

Meister Eckhart, Deutsche Predigten und Schriften (1313-1323), Paderborn 1936

Friedrich Nietzsche, Also sprach Zarathustra (1882-84), KSA Bd. 4, München/Berlin/New York 1999

Ders., Nietzsche, Zur Genealogie der Moral (1887), KSA Bd. 5

Pier Paolo Pasolini, „Der Koitus, die Abtreibung, die Schein-Toleranz der Herrschenden, der Konformismus der Progressiven" (Corriere della Sera, Januar 1975); in: ders., Freibeuterschriften (1975), Berlin 1980

Volker Reinhardt, De Sade oder Die Vermessung des Bösen – Eine Biographie, München 2014

Paul Ricœur, Die Interpretation – Ein Versuch über Freud (1965), Frankfurt/M. 1974

Jean-Jacques Rousseau, Abhandlung über die Politische Ökonomie (1755), Politische Schriften Bd. 1, Paderborn 1977

Donatien Alphonse François Marquis de Sade, Aline und Valcour oder der philosophische Roman (ca. 1788), Hamburg 1963

Ders., Justine oder vom Missgeschick der Tugend (1791), Berlin 1996

Ders., Juliette oder Die Vorteile des Lasters (1796/98), Frankfurt/M., Berlin 1990

Frank Schirrmacher, Minimum – Vom Vergehen und Neuentstehen unserer Gemeinschaft, München 2006

Schönherr-Mann, Hans-Martin, Sartre – Philosophie als Lebensform, München 2005

Ders., Hannah Arendt – Wahrheit, Macht, Moral, München 2006

Ders., Simone de Beauvoir und das andere Geschlecht, München 2007

Ders., Friedrich Nietzsche (UTB Profile), Paderborn 2008

Ders., Der Übermensch als Lebenskünstlerin – Nietzsche, Foucault und die Ethik, Berlin 2009

Ders., Philosophie der Liebe – Wider den Gemeinspruch ‚Die Lust ist kurz, die Reu' ist lang', Berlin 2012

Ders., Vom Nutzen der Philosophie – Pragmatismus als Lebenskunst, Stuttgart 2012

Ders., Protest, Solidarität und Utopie – Perspektiven partizipatorischer Demokratie, München 2013

Ders., Gewalt, Macht, individueller Widerstand – Staatsverständnisse im Existentialismus, Baden-Baden 2015

Ders., Untergangsprophet und Lebenskünstlerin – Über die Ökologisierung der Welt, Berlin 2015

Ders., Fröhliches Philosophieren, München 2015

Georg Simmel, Briefe 1912-1918 – Jungendbriefe, Gesamtausgabe Bd. 23, Frankfurt/M. 2008

Sybille Steinbacher, Wie der Sex nach Deutschland kam – Der Kampf um Sittlichkeit und Anstand in der frühen Bundesrepublik, München 2011

George Steiner, Die Antigonen – Geschichte und Gegenwart eines Mythos (1984), Schriften Band 4, Berlin 2014

Ders., In Blaubarts Burg – Anmerkungen zur Neudefinition der Kultur (1972), Schriften 3, Berlin 2014

David Steinitz, Geschichte der deutschen Filmkritik, München 2015

Adalbert Stifter, Der Nachsommer (1857), München o.J.

Charles Taylor, Ein säkulares Zeitalter (2007), Frankfurt/M. 2009

Charlotte Theile, Es reicht! Oder doch nicht?; in: Süddeutsche Zeitung, Nr. 91, 19.-21.4.2014

Max Weber, Die protestantische Ethik I (1904/05), 5. Aufl. Gütersloh 1979

PeterWeiss, Die Verfolgung und Ermordung Jean Paul Marats dargestellt durch die Schauspielgruppe des

Hospizes zu Charenton unter Anleitung des Herrn de Sade (1965), Frankfurt/M. 1971
Christoph Martin Wieland, Geschichte des Agathon (1766, 73, 94), München 1964